DISCIPLINA
LIMITE
NA MEDIDA CERTA

IÇAMITIBA

DISCIPLINA

IÇAMI TIBA

DISCIPLINA
LIMITE
NA MEDIDA CERTA

INTEGRARE
EDITORA

Copyright © 2006 Içami Tiba
Copyright © 2006 Integrare Editora Ltda.

Publisher
Maurício Machado

Produção editorial e acompanhamento
Miró Editorial

Preparação de texto
Márcia Lígia Guidin

Revisão de provas
Renata Del Nero
Renata Nakano
Rosamaria G. Affonso

Projeto gráfico de capa e miolo
Alberto Mateus

Diagramação
Crayon Editorial

Dados Internacionais de Catalogação na Publicação (CIP)
(Câmara Brasileira do Livro, SP, Brasil)

Tiba, Içami
    Disciplina : limite na medida certa / Içami Tiba. – São Paulo :
Integrare Editora, 2013.

    Bibliografia.
    ISBN 978-85-8211-049-2

    1. Disciplina escolar 2. Disciplina infantil 3. Educação
de crianças I. Título.

13-12340   CDD-371.5

Índices para catálogo sistemático:
1. Disciplina escolar : Educação   371.5

Todos os direitos reservados à INTEGRARE EDITORA E LIVRARIA LTDA.
Av. Nove de Julho, 5.519, conj. 22
CEP 01407-200 - São Paulo - SP - Brasil
Tel. (55) (11) 3562-8590
Visite nosso site: www.integrareeditora.com.br

DEDICATÓRIA E AGRADECIMENTOS

Dedico este livro a todas as pessoas que lidam com crianças e adolescentes, esperando que elas possam ajudá-los a desenvolver disciplina como um dos mais importantes valores da vida.
Um sonho maravilhoso, ou um futuro promissor, pode deixar de ser realizado por falta de disciplina.

Agradeço a todos os que colaboraram para que este livro fosse realizado, desde os meus pacientes e alunos até os meus filhos Luciana e André Luiz que hoje trabalham na edição de meus livros.

Quero agradecer também a minha esposa Maria Natércia, companheira de todas as horas, que tudo fez para que nada me perturbasse no desenvolvimento deste livro.
Agradeço também a minha filha Natércia, meu genro Maurício e seus filhos, meus netos, Eduardo e Ricardo.
Com uma atenção especial aos meus professores e mestres da minha carreira acadêmica e aos meus pais, Yuki Tiba e Kikue Tiba, mestres na minha vida.

Sumário

NOTA DOS EDITORES 13

NOVOS PARADIGMAS NA DISCIPLINA.......................... 15

INTRODUÇÃO 21

PARTE 1 LIMITES E DISCIPLINA NA FAMÍLIA.............. 31

CAPÍTULO 1 – COMO SE CRIAM
FOLGADOS E RESPONSÁVEIS 33

A ameaça 34

O príncipe da casa 36

Guerra de nervos.. 37

A importância dos primeiros relacionamentos 38

Os vários significados da comida............................... 41

Nenê não quer nanar 42

Primeiros passos, primeiros equívocos 47

Criança desrespeitada? 48

Como começam as birras.. 50

Desarmando a birra... 51

Dividindo tarefas com os filhos 55

O prazer de realizar sozinho 56
Embaixo de um folgado tem sempre um sufocado 60
De onde vem a culpa materna? 61
O pai também é responsável 64
Como alterar a dinâmica folgado-sufocado 66
Arcando com as conseqüências 68
A melhor solução hoje: convivência concentrada 69

**CAPÍTULO 2 – A LIBERDADE E
OS NOVOS TEMPOS** 72
Criança não raciocina como adulto 75
A raiz da timidez 77
O valor da permissão 79
Limites: ontem e hoje 80
   Geração do patriarca empreendedor 81
   Geração dos ex-hippies 81
   Geração dos "folgados" 82
   Geração dos "tiranos" 83
Criando tiranos 84
Por trás dos caprichos 86
Entre o poder e a submissão 88
A criança quer companhia 90
A disputa pela atenção 91
Ciúme do irmão. 93
Mãe trabalhando fora 95
A posição do pai 96
Os meus, os seus, os nossos filhos 97
O que mais mudou? 99
Ausência dos pais 101
Pais trabalhando em casa 102
Pit stop dos filhos com os pais 103
A mochila é do filho! 105

CAPÍTULO 3 – O QUARTO DOS FILHOS 107
A guerra para arrumar o quarto 108
O quarto é fundamental para o adolescente 109
Entre a caverna e o templo 110
Dois modos distintos de organizar.................... 111
Diferenças entre meninos e meninas.................. 112
Portas trancadas.................................... 113
As indevidas invasões............................... 115
O campo de guerra da família....................... 116
Espaço de convivência.............................. 118

CAPÍTULO 4 – HORA DE ESTUDAR 120
Estudando sozinho em casa 121
Aprender é como comer............................. 122
A importância de construir imagens.................. 123
Preparando o discípulo 125
  Local.. 125
  Horário 127
  Ritmo biológico 128
  Método... 129
Filhos distraídos e hiperativos....................... 130
Decoreba provocando indisciplina 133
A vida em sociedade 134
Por que estudar é tão importante? 137

PARTE 2 LIMITES E DISCIPLINA NA ESCOLA............. 141

CAPÍTULO 1 – SOBRE A
INSTITUIÇÃO ESCOLAR 143
Características de uma sala de aula 147
Anorexia do saber.................................. 149
Professor, o grande cozinheiro...................... 151
Convite à participação 152
Bom humor é imprescindível 153

O domínio da movimentação cênica 155
Avaliações mais eficazes 156
Jogo de cintura 157
Quando o professor erra 158
Desmandos em aula 159
Falhas da escola 161

CAPÍTULO 2 – CAUSAS DA INDISCIPLINA
DOS ALUNOS 165
Indisciplina ou próprio da adolescência? 166
Birras, mordidas, roubos e choros infantis 171
Síndrome da quinta série 173
Reações normais tumultuadas
atrapalham os professores 174
Indisciplinas silenciosas: quando não
incomodam os outros 175
Distorções e oscilações da auto-estima 176
Problemas de relacionamento 177
Brigas entre colegas 178
Bullying e *Cyberbullying* 179
Violência 183
Disputas no tapa 184
Vandalismo 187
Depredações e vandalismo dos
não-alunos da escola 189
Uso de drogas 191
    Álcool 194
    Cigarro e maconha 197
    Inalantes (solventes) domésticos e portáteis 201
Distúrbios e transtornos pessoais 203
    Distúrbios psiquiátricos 203
    Distúrbios neurológicos 204
        Hiperatividade e déficit de atenção 204
        Dislexia 205

Deficiência mental 206
Transtornos de personalidade 207
Transtornos neuróticos 208
Falta de educação 209
E se a família não colabora? 210

PARTE 3 DELEGAR À ESCOLA
A EDUCAÇÃO DOS FILHOS? 215

Pais e escola sob o comando dos filhos 217
Disciplina.. 221
Disciplina para estudar 222
   Organização 223
   Administração do tempo 223
   Assertividade 224
   Controlar a vontade dispersiva 225
   Desconforto físico 226
Disciplina treinada.. 226
Disciplina adquirida... 227
Disciplina aprendida... 229
Disciplina absorvida... 230
Cada contexto, uma conseqüência........................... 232
Cada perfil, um comportamento 233
A auto-estima regendo a disciplina 234
Estilos comportamentais....................................... 237
   Limites no estilo vegetal................................. 238
   Limites no estilo animal.................................. 239
   Limites humanos 242

BIBLIOGRAFIA... 245
SOBRE O AUTOR 249

NOTA DOS EDITORES

A Integrare Editora orgulhosamente apresenta a nova versão da obra *Disciplina: limite na medida certa*. Novos paradigmas que pode ser equiparada a um novo livro.

Passados dez anos de sua primeira edição, muitas mudanças da sociedade e dos costumes contribuíram para uma completa reformulação de antigos paradigmas e para o surgimento de outros valores.

A evolução das organizações sociais e dos usos e costumes; as mudanças no relacionamento pais-filhos e professores-alunos não escaparam ao espírito investigativo do autor que, apoiado em estudos e atento aos problemas de seu consultório, ousou reestruturar sua obra e repensar modelos educacionais relacionados com a ética, cidadania e responsabilidade social.

Temos certeza de que o autor, com sua generosidade e competência, estará ajudando pais, professores e todos os interessados em educação a entenderem melhor crianças e jovens que se encontram sob sua orientação.

Dessa forma, o psiquiatra e educador Içami Tiba contribui para a construção de um Brasil melhor para todos.

Boa leitura, bom proveito.

Os editores

NOVOS PARADIGMAS
NA DISCIPLINA

E STE LIVRO FOI ESCRITO há dez anos. Houve muitas mudanças desde então, a ponto de justificar a revisão e ampliação desta obra, que, por necessidade, analisa novos paradigmas educacionais.

Acredito no ser humano e nas suas competências para aprender, mesmo com seus erros; para solucionar seus problemas, expandir seus limites muito além do conhecido, buscando Novos modelos para obter um *upgrade* na vida e não se acomodar com o insatisfatório. Isto tudo para usufruir da felicidade.

É com muito desgosto que percebo, de um modo geral, que a educação tanto familiar quanto escolar piorou na proporção inversa aos avanços tecnológicos, que têm dado passos gigantescos. Essa piora educacional é globalizada, mundial.

Tudo o que é material pode passar muito depressa, e os valores humanos progressivos e já consagrados – que deveriam permanecer – também sofrem grande diluição.

Para mim, porém, esse desgosto é um desafio para não nos acomodarmos com o insatisfatório: uma lição de vida para rastrearmos em que ponto erramos e onde estão as possibilidades de mudarmos o rumo da história.

Trato de adolescentes e suas famílias há quase quarenta anos. Nesta última década, vejo uma grande mudança: as crianças têm tido mais autoridade que seus pais, apesar de ainda dependerem deles biopsicossocialmente.

As pessoas geneticamente nada mudaram, mas os padrões comportamentais familiares sofreram uma grande desorganização. Quanto à disciplina, as crianças e os adolescentes pioraram bastante, não só no quesito obediência às regras familiares/escolares mas também na sua qualidade de vida emocional, com auto-estima pouco desenvolvida, mesmo estando materialmente saciados.

Muito mais que antes, os bebês têm dificuldades para dormir sozinhos; crianças exageram nas birras com seus pais e já apresentam dificuldades doentias para largar a internet; os filhos já sofrem de obesidade, e muitos têm colesterol alto por só comerem o que desejam; crianças exigem telefones celulares, cujo uso nem se justifica; os mais crescidos não saem das esquinas virtuais com seus intermináveis papos e jogos. As dificuldades nos estudos aumentaram muito, resultando em evasão e migrações escolares – provavelmente serão estes os netos de grandes empresários, que acabarão falindo as empresas de seus familiares.

Sabemos bem que as crianças estão indo para a escola com menos de dois anos de idade; suas mães estão trabalhando fora, tanto ou até mais que os pais. O número de filhos diminuiu drasticamente. Com isso, o tempo para o convívio familiar também escasseia. E a necessidade que os pais sentem em querer agradar aos filhos fica exacerbada, agravando sensivelmente os tênues relacionamentos familiares.

Muitos filhos adolescentes negligenciam impunemente seus pais. Considera-se crime quando os pais são negligentes com seus filhos. E o contrário? Adolescentes enfrentam abertamente seus pais com o uso da maconha, alegando que "todos fumam" e que "eles fumam porque querem, mas param quando quiserem".

Recentemente, numa palestra, uma mãe fez a seguinte colocação: "Não sei mais o que fazer com minha filha. Ela só faz o que quer, não me obedece, me enfrenta, me ofende, me agride, não tem um pingo de educação comigo..." Perguntei-lhe qual a idade da filha. Ela prontamente me respondeu: "Dois anos". Este é um enfático exemplo de como a mãe, que devia deter o poder, está sem nenhuma autoridade, e uma criança, sem poder, tem toda a autoridade sobre a mãe.

Mas sou um progressista otimista. Acredito que podemos ter uma sociedade melhor, desde que eduquemos nossos filhos para cuidarem bem do que estamos lhes deixando. Com essa finalidade, venho trabalhando como psiquiatra e psicoterapeuta, consultor de empresas e famílias, palestrante e escritor. E tenho usado enfaticamente a mídia e a internet para tentar chegar ao âmago das famílias – das mais abastadas e cultas às mais simples e carentes.

Tenho insistido em que um dos pilares para consolidar a sociabilidade é a *disciplina*, base fundamental para a formação e organização de toda e qualquer pessoa, estrutura, família, grupo e sociedade.

Disciplina não é a obediência cega às regras, como um adestramento, mas um aprendizado ético, para se saber fazer o que deve ser feito, independentemente da presença de outros. Aliada à ética, a disciplina gera confiança mútua nas pessoas – um dos fortes componentes do amor saudável que traz progresso à humanidade.

Disciplina é um dos fortes ingredientes da competência profissional, da cidadania, da boa convivência familiar, do aprendizado escolar, da economia psíquica e financeira, da ponderação e da felicidade.

Filhos e alunos devem ser preparados para transformar-se em cidadãos do mundo: éticos, competentes e felizes. A disciplina não deve mais ser vista como um ranço do autoritarismo – modelo educacional que já não serve mais. Os autoritários, despóticos, chefes tiranos, os arrogantes estão caindo; e os poucos que ainda resistem estão sendo derrubados.

A disciplina entra como qualidade de vida pessoal e social. Quem tem disciplina dentro de si, comparado a quem não a tem, é:

- *Mais competente,* porque produz mais, gastando menos recurso e tempo.
- *Mais ético,* porque explora menos outras pessoas, atribuindo-lhes seu real valor.
- *Mais cidadão progressivo,* porque preserva o planeta evitando destruição e desperdícios.

- *Mais livre,* porque tem sua autonomia ideológica e sua própria independência financeira.
- *Mais feliz,* porque sabe compartilhar, amar e receber amor num relacionamento digno entre as pessoas.

Sabemos que uma criança não tem noção dos limites que separam sua segurança física dos perigos, nem do que é ou não é adequado. Por isso, seus pais têm que ensiná-la não a fazer algo simplesmente "porque tem vontade", mas a conhecer o *limite na medida certa* para cuidar da própria vida e da qualidade com que a viverá.

Mais complicada ainda é a vida para o adolescente, que, tendo já noções infantis de limites, quer aventurar-se pela vida afora, ampliando, em aventuras variadas, esses limites que tinha na família e na escola: aventuras com drogas, com a vida sexual, esportes radicais, enfrentamentos e desafios, e a grande aventura de entrar para o mundo adulto sem a proteção dos pais...

Hoje, os *novos paradigmas* de uma sólida educação contemporânea exigem não permitirmos que as crianças façam em casa e em suas respectivas escolas *o que não poderão fazer na sociedade.* Elas devem ser ensinadas a praticar em casa a cidadania familiar, e na escola a cidadania escolar – ou seja, as crianças ensaiam, com a ajuda de pais e professores, a disciplina, que tem de ser apreendida, aprendida e praticada para fazer parte de cada indivíduo, como se fosse uma língua-mãe.

É como indivíduos que as crianças crescem, passam pela adolescência e ingressam na vida adulta. Não somente como filhos, mas como cidadãos do mundo.

Mas não se chega a esse *status* de cidadão de graça. É preciso que pais e professores ajudem no desenvolvimento desse cidadão: o filho precisa de ajuda educativa para buscar sua autonomia comportamental, independência financeira, competência profissional e realização pessoal.

A disciplina faz parte dessa educação contemporânea. Todos nós a temos em maior ou menor grau, sobrando em algumas áreas e faltando em outras. No planeta Terra, cada indivíduo tem sua própria personalidade, portanto cada um deve ter também disciplina, *com os seus limites na medida certa.*

Se *Disciplina: limite na medida certa* já era uma de minhas obras mais queridas, acrescida do elogioso reconhecimento de meus leitores — pelas tantas vezes que já constou em listas de livros mais vendidos —, agora, creio, fica uma obra melhor, com vistas às nossas dificuldades contemporâneas.

Gostaria que sua leitura fosse hoje ainda mais útil, pois vejo pais e educadores despertando lucidamente para a importância da disciplina na educação.

E meu maior desejo é dialogar com todos eles.

Içami Tiba

INTRODUÇÃO

J Á MINISTREI MAIS DE DUAS MIL e quinhentas palestras sobre o tema *Limites e Disciplina*. Há, entretanto, uma história que sempre desperta o interesse de pais e educadores porque é ao mesmo tempo muito bem-humorada e realista: Dois meninos de cinco anos estão numa espaçosa área de lazer. Não há brinquedos por perto. Um deles é magro e alto. O outro é gordo e baixo. Naturalmente, resolvem brincar. O magro propõe: "É pega-pega, e você é o pegador!" E já sai em tal disparada, que o gordo, com seus passos lentos e pesados, tem dificuldade de acompanhar. Quando este percebe a distância entre os dois cada vez maior, toma consciência de que não conseguirá alcançar o outro. Então pára, estica o braço e, apontando com o indicador, grita: "Aí não vale!" O magro pára imediatamente, mesmo sabendo que não tinha sido combinado que "aí" não valeria.

Disciplina: Limite na medida certa

Nesse momento, pergunto ao público: "Por que o magro parou?" Percebo que cada um busca dentro de si uma boa resposta. Para facilitar, eu mesmo respondo: "Para continuar brincando! Se o magro continuar correndo, a brincadeira acaba, não é?"

O magro volta até o gordo com os ombros meio caídos, pois sabe que agora é a vez do outro propor uma brincadeira. O gordo, vendo o magro bem próximo, diz: "É luta livre!" E já avança no magro, dá-lhe uma gravata, derruba-o e aperta o pescoço do menino, que, à beira do desmaio, dá umas palmadinhas no braço do gordo em sinal de rendição. Nesse momento, pergunto de novo ao público: "Por que o gordo pára de enforcar o magro?" "Para continuar a brincadeira!", responde o público. E eu arremato: "E também porque com morto não se brinca!"

Após as gargalhadas, volto ao tema: as crianças sabem, intuitivamente, que a brincadeira é um tipo de relacionamento em que um depende do outro. Para continuar a brincar é necessário que aceitem, nessa experiência social que elas mesmas criaram, uma série de regras:

- Cada criança escolhe a brincadeira na qual tem melhor desempenho, pois sempre quer ganhar.
- Cada criança dá o máximo de si e, se alguém faz "corpo mole", significa que não está levando a brincadeira a sério.
- Uma criança não pode exigir da outra mais do que esta pode fazer; portanto, o limite é estabelecido por aquele que menos habilidades tem para determinada brincadeira.

INTRODUÇÃO

- Quando uma criança diz que não agüenta mais, a outra é obrigada a parar, por mais que queira continuar brincando.
- Se um escolhe a primeira brincadeira, o outro tem direito a escolher a segunda.

O que não aparece na história, mas pode acontecer, é que, quando uma criança desrespeita o limite da outra, esta geralmente ameaça: "Ah, é assim?", e parte para a briga. Se as crianças aceitam os limites intrínsecos à convivência em uma brincadeira, é porque sabem que não podem brincar fazendo tudo o que desejam. Precisam aceitar uma composição, uma sociedade com o outro.

As crianças aprendem a comportar-se em sociedade ao conviver com outras pessoas, principalmente com os próprios pais. A maioria dos comportamentos infantis é aprendida por meio da imitação, da experimentação e da invenção.Se os pais permitem que os filhos, por menores que sejam, façam tudo o que desejam, não estão lhes ensinando noções de limites individuais e relacionais nem lhes passando noções do que podem ou não podem fazer. Os pais usam diversos argumentos para isso: "Eles não sabem o que estão fazendo". "São muito pequenos para aprender." "Sabemos que não devemos deixar..., mas é tão engraçadinho."

É preciso lembrar que uma criança, quando faz algo pela primeira vez, sempre olha em volta para ver se agradou alguém. Se agradou, repete o comportamento, pois entende que agrado é aprovação

– e ela ainda não tem condições de avaliar a adequação do seu gesto.

Portanto, cada vez que os pais aceitam uma contrariedade, um desrespeito, a quebra de limites, estão fazendo com que seus filhos rompam o limite natural para seu comportamento em família e em sociedade. Deixar que as situações transcorram sem uma intervenção clara é como se, na brincadeira entre o gordo e o magro, o filho, mesmo ouvindo "Aí não vale!", continuasse correndo; ou como se os pais pedissem para o filho parar, mas este continuasse a enforcá-los. Apesar de serem mais fortes, os pais que não reagem à quebra de limites dos filhos acabam permitindo que estes, muito mais fracos, os maltratem, invertendo a ordem natural de que o mais fraco deve respeitar o mais forte.

> A força dos pais está em transmitir aos filhos a diferença entre o que é aceitável ou não, adequado ou não, entre o que é essencial e supérfluo, e assim por diante.

Pedir um brinquedo é aceitável, mas quebrar o brinquedo meia hora depois de ganhá-lo e pedir outro, é inaceitável. É importante estabelecer limites bem cedo e de maneira bastante clara, pois, mais tarde, será preciso dizer ao adolescente de quinze anos que sair para dar uma volta com o carro do pai não é permitido, e ponto final.

O estudo é essencial; portanto, os filhos têm obrigação de estudar. Caso não o façam, terão sempre que arcar com as conseqüências de seus atos, e estas deverão ser previamente estabelecidas pelos pais. Só poderão brincar depois de estudar, por exemplo. Naquilo que é essencial, os pais deverão dedicar mais tempo para acompanhar de perto se o combinado está sendo respeitado. Os filhos precisam entender que têm a responsabilidade de estudar e que seus pais os estão ajudando a cumprir um dever que faz parte da "brincadeira" da vida.

Hoje, os grandes responsáveis pela educação dos jovens – na família e na escola – não sabem cumprir bem seu papel. É a falência da autoridade dos pais em casa, do professor em sala de aula, do orientador na escola. Grandes discussões surgem nas famílias por causa de indisciplina, dificultando bastante a convivência entre seus membros. Mães ficam mal-humoradas porque as crianças bagunçam o quarto, pais se exasperam porque os filhos se esquecem de apagar a luz. Porém, o pior ocorre quando um filho responde mal. Isso lhes estraga o dia.

Muitos alunos também não respeitam seus professores, e essa indisciplina prejudica o ensino e a aprendizagem. Professores e orientadores têm dificuldade em estabelecer limites na sala de aula e não sabem até que ponto devem intervir em comportamentos inadequados que ocorrem nos pátios escolares.

Onde foi que os educadores se perderam? Antes de responder a qualquer pergunta, é preciso levar em conta que essa geração viveu a questão da disciplina de um modo peculiar e sofrido. Para facilitar a compreensão, seguirei a seqüência: primeira, a geração dos avós; segunda, a geração dos pais e professores; terceira, a geração dos jovens.

Pois bem, a primeira geração educou seus filhos de maneira patriarcal, com autoridade vertical: o pai no ápice e os filhos na base. A base era obrigada a cumprir tudo o que o ápice determinava. Com isso, a segunda geração foi massacrada pelo autoritarismo dos pais, e decidiu refutar tal sistema educacional na educação dos próprios filhos. Na tentativa de proporcionar a eles o que nunca tiveram, os pais da segunda geração acabaram caindo no extremo oposto da primeira: a permissividade.

Certas áreas da psicologia contribuíram muito para isso ao divulgar frases como: "Não reprima seu filho"; "Seja amigo de seus filhos"; "Liberdade sem medo". Boa parte dos adultos quis aderir ao modelo horizontal, em que pais e filhos têm os mesmos direitos, evitando neuroticamente o uso da autoridade por confundi-la com autoritarismo.

As intensas mudanças vividas de maneira muito rápida pela segunda geração tiveram um custo na educação da terceira, cujo preço, provavelmente alto, ainda hoje não podemos estimar. Esses jovens ficaram sem noção de padrões de comportamento e limites, formando uma geração de "príncipes" e "princesas" com mais direitos que deveres, mais liberdade que responsabilidades, mais "receber" que "dar" ou "retribuir". Tais "príncipes domésticos" querem ser também "príncipes sociais", mas acabam frustrados, pois as regras da sociedade são outras, muito diferentes das criadas na família. As instituições de ensino,

INTRODUÇÃO

cuja tarefa é introduzir as crianças nas normas da sociedade, muitas vezes se omitem. Quanto maior a perda, mais anárquica tornou-se a aula. Ao admitir um "príncipe escolar", em vez de ajudar o aluno a viver em sociedade, o professor acaba por prejudicar seu crescimento.

[O professor, assim como os pais, também perdeu a autoridade educacional inerente à sua função.]

É preciso recuperar a autoridade fisiológica, o que não significa ser autoritário, cheio de desmandos, injustiças e inadequações. Autoridade é algo natural e deve existir sem descargas de adrenalina, seja para impor, seja para submeter – pois é reconhecida espontaneamente por ambas as partes. Desse modo, o relacionamento desenvolve-se sem atropelos. O autoritarismo, ao contrário, é uma imposição que não respeita as características alheias, provocando submissão e mal-estar tanto na adrenalina daquele que impõe quanto na depressão daquele que se submete.

É essencial à educação saber estabelecer limites e valorizar a disciplina. E para isso é necessária a presença de uma autoridade saudável. E o segredo que diferencia o autoritarismo do comportamento de autoridade, adotado para que a outra pessoa se torne mais educada ou disciplinada, está no respeito à auto-estima.

Este livro pretende ajudar pais e professores a exercer sua autoridade educacional – sem culpas, com segurança e bom senso. Filhos precisam de pais para ser educados; alunos, de professores para ser ensinados.

Estes podem até ser amigos, porém não mais amigos do que pais; não mais amigos do que professores.

Você, pai ou professor, é o educador, e não pode se esquivar da tarefa de apontar, na medida certa, os limites para que os jovens se desenvolvam bem e consigam situar-se no mundo.

Como diz Suzana Herculano-Houzel, os comportamentos dos adolescentes vêm de cérebros adolescentes, que estão amadurecendo. O educador poderia ocasionalmente "emprestar" seu córtex órbito-frontal – regulador do comportamento social – amadurecido e experiente ao seu educando, pois o dele ainda está em formação. Porém, "emprestar" não é "substituir".

Conte comigo para essa tarefa!

PARTE 1

LIMITES E DISCIPLINA NA FAMÍLIA

Os pais poderiam exigir
que os filhos praticassem em casa o que eles terão
que fazer como cidadãos, principalmente disciplina,
ética, solidariedade, responsabilidade, gratidão...

Os pais não poderiam permitir
que os filhos fizessem em casa o que eles não
poderão fazer na sociedade, principalmente falta de
respeito a outras pessoas, desonestidade e piratarias,
falta de disciplina, egoísmo, desperdícios...

Porque a cidadania
familiar é a base da saúde social.

CAPÍTULO 1

Como se criam folgados e responsáveis

DUAS HORAS DA TARDE de um belo domingo ensolarado. Trancado na cozinha, o jovem Mário, de dezessete anos, gritava, com uma faca na mão, que ia se matar. O pai, a mãe e a irmã, do lado de fora da cozinha, tentavam acalmá-lo, fazendo apelos desesperados e inúmeras promessas. O filho respondia que não confiava mais na família: independentemente do que todos dissessem, ele ia se matar. Os pais, atordoados e sem alternativas, chamaram a polícia. Assim que chegaram à grande e confortável residência da família, os policiais se prontificaram a conversar com o rapaz. Mário permitiu somente a entrada dos guardas na cozinha: os pais e a irmã tiveram de esperar do lado de fora.

Depois de alguns poucos minutos de negociação – que pareceram uma eternidade para a família –, a porta da cozinha se abriu e os policiais saíram trazendo Mário. Os pais estavam ansiosos para saber o que acontecera lá dentro, pois não puderam ouvir nem uma palavra. O rapaz exibia uma expressão de indiferença, sem o menor sinal de sofrimento. Os policiais assumiram a tarefa de representá-lo perante sua família. Disseram que os pais deveriam manter o equilíbrio. O filho estava nervoso e não admitia que ficassem tão bravos só por causa de uma sobremesa. E arremataram: "Mas como pode o senhor, assim, bem posicionado, brigar por causa de uma mísera sobremesa?" O pai, aturdido com a censura dos guardas, perdeu a fala.

Ao final daquele desagradável incidente, os pais estavam envergonhados, e Mário parecia orgulhoso. Na saída, para completar a humilhação, os policiais reforçaram: "Se seus pais aprontarem novamente, pode nos chamar que voltaremos mais enérgicos".

A ameaça

O que será que houve naquela tarde de sol para culminar numa situação assim tão constrangedora? Retomemos a história, passo a passo. Como era domingo, a cozinheira estava de folga; a empregada e a arrumadeira, ausentes; o motorista também havia sido dispensado. Não havia, portanto, nem um empregado na casa. Para garantir o almoço do domingo na falta deles, a família dividia tarefas. Mário, o folgado da casa, nunca cumpria sua parte.

Naquele dia, todos estavam desempenhando bem suas funções. Mário devia servir a sobremesa, isto é, pegar o doce na cozinha e trazê-lo para a mesa. Quando chegou sua vez, ele afirmou: "Eu não vou". Em inúmeras ocasiões anteriores, o rapaz havia se recusado a ajudar, e nunca houve problemas. Sempre havia alguém que se dispunha a realizar sua tarefa: a mãe, para evitar escândalos; o pai, que preferia ignorar a situação. Só a irmã se recusava, pois não aceitava o comportamento do irmão.

Estavam até então num clima ótimo, cada um colaborando para o sucesso do almoço. Agora o rapaz punha tudo a perder: a família ficou aborrecida; mas dessa vez ninguém vacilou. A tarefa era dele. Mário tinha que buscar o doce, uma compota. Ele resistiu, dizendo que não pegaria a sobremesa "nem morto". Seus pais, que a essa altura já estavam com o almoço estragado, julgaram estranha essa observação. Então, pressionado, Mário, sem querer, acabou contando que havia comido sozinho toda a sobremesa. Como a casa era muito farta, os pais retrucaram: "Mas nós compramos uma dúzia de latas de compota". Qual não foi a surpresa deles quando o filho confessou ter comido tudo!

Então o pai propôs uma solução: "Como foi você quem acabou com o doce, para terminar o almoço você vai até a padaria da esquina comprar uma sobremesa". "Não vou!", respondeu Mário. "Vocês não mandam em mim e não vão me tratar como empregado." Sempre reivindicador, o rapaz fez um discurso colocando-se no papel de vítima: "Não posso comer nem uma compota?" Chamava o pai de pão-duro, a mãe de desorganizada e a irmã de puxa-saco. E intempestivamente, entre gritos e xingamentos, levantou-se da mesa, trancou-se na cozinha e, de faca em punho, ameaçava se matar.

O príncipe da casa

Mário foi construído a quatro mãos para ser um folgado – e, além da família, contribuíram também os empregados. O pai, órfão desde pequeno, realizava suas mínimas vontades, não deixava que nada lhe faltasse. Mário não conhecia limites e tudo lhe foi dado para ter as vontades (folgas) atendidas, mesmo que custassem sacrifícios (sufocos) dos outros.

> A maior alegria do pai era ver o filho contente. Seu maior sofrimento, ter de dizer não ao filho. Ele era um escravo do sim.

Qual é o pai que não gosta de ver o filho contente? Que pai não deseja a felicidade para seu filho? O erro do pai de Mário foi amar demais. E esse "demais" não é delimitável, ou seja, não há lugar para limites. Quando o rapaz era pequeno, essas folgas tinham um custo insignificante. Porém, à medida que crescia, os custos foram se tornando cada vez mais pesados. E as inadequações, mais evidentes. O pai já havia se dado conta de quanto o filho era folgado. Tinha observado, inclusive, que Mário costumava distorcer os fatos a seu favor. A culpa era sempre dos outros; ele, invariavelmente, era inocente.

A família decidiu encaminhar o rapaz a uma psicoterapeuta. A princípio, não resolveu. Nas reuniões familiares promovidas por ela, os pais perceberam que ele a manipulava para despertar compaixão, ocupando o papel de vítima em vez do de algoz.

Mas voltemos ao episódio do domingo. Por que Mário se recusou a comprar a sobremesa? Simples: ele estava lúcido. Sabia que não havia mais compotas. Tinha comido tudo. E dessa vez não podia culpar ninguém. Nem mesmo algum dos empregados estava presente.

Mário acreditou que bastava dizer não e todo mundo calaria a boca. Só que a família, já um pouco mais adequada ao processo psicoterápico, dessa vez não se curvou. Ao encontrar resistência e perceber que sua folga inicial não surtia o efeito esperado, Mário apelou para um segundo estágio: retirar-se indignado "por ter sido desrespeitado". Ao se trancar na cozinha, deixou os pais impotentes.

Guerra de nervos

Como os pais se mantiveram firmes, não aceitando seu comportamento, Mário adotou uma solução drástica, dizer que se mataria. Quem quer morrer faz isso de uma vez, não anuncia aos quatro ventos. Mas a ameaça deixou os pais desesperados.

O argumento de que iria se matar tinha uma força descomunal, porque freqüentemente o rapaz ouvia dos pais o quanto era importante para eles e como era grande o temor de que algo de mal lhe acontecesse. Desse modo, o filho tornou-se o agressor da pessoa mais amada por seus pais: ele próprio. Nessa auto-agressão, ele era o vilão e a vítima, como se dissesse: "Eu, vilão, vou matar o Mário, filho querido de vocês". Revela-se aqui a que ponto de crueldade o folgado pode chegar.

A orientação que os pais haviam recebido nas sessões de terapia ainda não tinha chegado a um nível de esclarecimento que lhes desse elementos para resistir a esse terceiro estágio. Por isso, a família entrou em pânico. Tão perdidos os pais estavam que chamaram a polícia. Para tentar ajudar Mário, passaram por cima de seus desejos, sonhos e esperanças, atestando a incapacidade de lidar com o próprio filho. Quando os policiais chegaram àquele ambiente dominado pela tensão, a família relatou a situação de forma telegráfica. A falta de poder dos pais foi confirmada pelo filho, quando este permitiu apenas a entrada dos guardas na cozinha. Resultado: os pais ficaram impotentes, o filho venceu. Ao atender Mário, os guardas ratificaram o poder do rapaz.

O que será que conversaram na cozinha? Pela reação dos policiais, os pais facilmente solucionaram o mistério: mais uma vez Mário distorceu os fatos ocorridos naquele dia para manter sua folga. Manipulou os guardas, como já fizera antes com a terapeuta, com a orientadora do colégio, com os empregados da casa e com os próprios pais.

A importância dos primeiros relacionamentos

Quanto mais próxima do nascimento, mais a criança segue seu ritmo biológico, e a disciplina deverá obedecer a esse ritmo, não o inverso. Entre os ritmos mais importantes, estabelecidos desde os primeiros dias de vida, estão a alimentação e o sono do bebê, porque dependem da interação com a mãe. O bebê não sabe falar, por isso chora quando tem fome. O auge da maternidade acontece nesta hora: amamentar a criança e iniciar com ela uma relação muito íntima. Nessa interação, a mãe transmite o modo de ser da família ("como-somos"), e isso é essencial para ajudar o filho a formar seu ser psicológico, pois a criança traz ao nascer apenas seu ser biológico (cromossomos). O pai deve ter muita saúde psicológica para participar do gesto da alimentação, que tem um imenso significado afetivo. Afinal, a criança não precisa só de leite.

> O leite alimenta o corpo. O afeto, a alma. Criança sem alimento fica desnutrida. Criança sem afeto entra em depressão.

Sempre querendo acertar, as mães buscam informações sobre a melhor maneira de atender às necessidades de seus filhos. A resposta varia conforme a época. Várias regras médico-psicológicas já foram ditadas, algumas contraditórias entre si. Uma regra é: as crianças devem mamar de quatro em quatro horas ao longo do dia, depois, mamar bastante antes de dormir e só repetir quando acordarem, na manhã seguinte. Segundo essa regra, as mães devem impor o ritmo do relógio aos filhos.

Em geral, as crianças têm boa capacidade de adaptação a esse ritmo e tudo funciona bem. O problema é que tal orientação foi dada de maneira indiscriminada a *todas* as mães. Resultado: sofrimento de mães e filhos. Mães querendo dar o seio às crianças, com o peito cheio, empedrando e até vazando, e crianças querendo mamar, berrando de fome. Mas não se podia amamentar porque não estava na hora...

Outra regra (que contradiz a primeira) é: as crianças devem ser alimentadas sempre que precisarem, não importa hora nem local.

Tanto uma quanto outra regra têm seus prós e contras. No primeiro método, a criança é levada a desrespeitar seu ritmo biológico e, na falta de outro recurso, submete-se ao ritmo imposto pela mãe. Assim, em vez do "tenho fome, quero comer", ela se orienta por "preciso comer agora, tendo ou não fome".

No segundo método, basta a criança chorar e já lhe empurram leite. Às vezes, nem sentiu fome ainda. Mães ansiosas passam esse sentimento para os filhos, dando-lhes leite a qualquer menção de choro. Pode ser que a criança esteja com a fralda molhada, sentindo frio ou calor. Nesse método, mais importante que a fome é o alimento, que adquire outros significados.

A mãe escraviza-se hoje; e, no futuro, a criança pode buscar alívio na cozinha para sua ansiedade. Lidar com esse ritmo biológico de um modo que ele não seja desrespeitado é a primeira providência para obter disciplina. Depois, quanto mais os filhos crescerem, outros recursos terão os pais de adequar o ritmo biológico ao ambiente.

> Sabe-se hoje em dia que a criança recém-nascida, com fome, não tem capacidade de identificar o incômodo como necessidade de se alimentar, portanto vivencia uma angústia muito grande.

Entendida como um conjunto de comportamentos que leva ao melhor resultado possível, beneficiando a todos, o ritmo biológico acaba também estabelecendo uma disciplina que já passa a existir desde os primeiros meses de vida da criança.

Os vários significados da comida

Pais que entendem qualquer choro como necessidade de mamar sempre oferecem comida. Se o choro for causado por outro incômodo qualquer, a comida pode proporcionar certo alívio, mas não é o "remédio" certo. No entanto, comer é um forte instinto de sobrevivência, e a boca é a primeira zona de prazer estimulada em nosso organismo; por isso, dificilmente comer deixará de ser prazeroso, ainda que inadequado.

Se traçarmos uma linha direta sem interferência, a criança cujos pais têm esse tipo de conduta pode tornar-se um adulto que, diante de qualquer contratempo, vai procurar comida em vez de tentar resolver seu problema. É claro que essa relação não é tão simples assim. Inúmeras outras variáveis também precisam ser consideradas. Mas a raiz da obesidade pode estar aí.

> A fixação oral tem a ver com indisciplina nesse desenvolvimento e pode se refletir na dependência do cigarro, da bebida e de tudo que provoque sensações na boca.

Conforme cresce, a criança aprende progressivamente a digerir alimentos mais pesados e a diversificar os sabores, passando por uma grande evolução desde o colostro, o primeiro leite da mãe, até a feijoada com torresmo. No entanto, existe sempre uma maneira de infantilizar a criança. Basta desconsiderar o fato de que seu aparelho digestivo está amadurecendo e continuar a lhe dar papinhas. E ela acostuma-se a receber comida de fácil digestão. Equivale, numa correlação direta, ao adulto que não sabe mastigar os problemas e precisa "papinhá-los". Se não for fácil, o problema é cuspido para fora. A pessoa não chega a superá-los porque nem os enfrentou. O problema é muito mais ligado ao "como-somos" dos pais, que origina dificuldades para os filhos, como se fosse uma herança – que as crianças são obrigadas a engolir –absorvida pela convivência.

A indisciplina está presente no desrespeito ao desenvolvimento biológico por parte dos pais: motivados pelo amor, pelo desejo de satisfazer todas as necessidades dos filhos, alguns pais não modificam seus comportamentos nem suas ofertas à medida que a criança cresce.

Nenê não quer nanar

Pelo menos durante o primeiro mês de vida, o bebê continua vivendo como se ainda estivesse no útero. Ele tem um berço, onde deveria passar a maior parte do seu tempo dormindo. Mama, arrota, troca de fraldas e dorme. É um sono fisiológico necessário ao seu amadurecimento.

À medida que cresce, mais o bebê consegue absorver o que acontece à sua volta. Portanto, se puder dormir seu sono (necessário) em ambiente tranquilo, terá seu período acordado também tranquilo. Um dos maiores problemas que os jovens pais me relatam está no sono da noite. Às vezes, o bebê dorme mais de dia que à noite, quando todos na casa precisam dormir.

O bebê precisa é perceber a diferença entre os "soninhos" do dia e os "sonões" da noite. Basta que se deixe a luz e o movimento do dia chegarem até ele, mesmo que filtrados. O berço pode ficar num lugar com mais luz natural do dia e com movimentos presentes à sua volta, mesmo que suavizados. Não se pode transformar o dia em noite, fechando todas as cortinas, apagando as luzes, andando todos nas pontas dos pés, cochichando, sem som nenhum. Essas condições artificiais confundem a criança no distinguir o dia da noite. Ou seja, durante o dia, basta que o local seja um pouco mais escuro – o suficiente para não ter de acender a luz, e um pouco mais tranqüilo que o resto da casa.

Recém-nascidos que são submetidos a ruídos fortes, música alta e vozes estridentes perdem a tranqüilidade e se tornam tão agitados quanto o seu ambiente. E, geralmente, a mãe gritadeira cria um nenê gritalhão.

Quando e como adultos adotaram seus rituais para dormirem à noite? Cada um tem o seu ritual: leitura, banho, televisão, som, escovar dentes, beijar alguém, tomar água com ou sem remédios, trocar-se, afofar travesseiros, abraçar bonecos de pelúcia, soltar/prender lençol etc. (atendi a uma pessoa que gostava de descascar uma laranja com seu canivete, e quando acabava de comer o último gomo, seu cérebro já estava dormindo...). Pois é, os rituais servem para avisar o corpo todo que se prepare para dormir.

O bebê também precisa de um preparo para dormir. Se houver um costume comum como tomar banho, mamar e dormir, pode ser que ele já comece a se preparar para dormir quando começa a tomar banho. Não é possível pensar que, chegada a hora de dormir, o nenê tenha de estar acordado porque tem visitas em casa. É uma maneira de desorganizar o sono do nenê, mesmo que seja com muito amor.

> A base da educação para dormir bem é a disciplina estabelecida pela rotina de dormir praticada diariamente.

O bebê cai no sono por conta própria e, para tanto, reconhecer o lugar de dormir é muito importante. Se ele aprende a dormir no berço e não no colo, reconhecerá que o seu lugar é o berço. Assim, quando acordar à noite, voltará a dormir porque estará no seu conhecido lugar. Mas se o bebê acostuma-se a dormir no colo, cada vez que acordar e não reconhecer que alguém o carrega, vai pedir colo: irá aprontar muito até dormir, se não for no colo. Os adultos cansados e lamentando deixar a criança sozinha no berço, acabam pegando-a. Por dois motivos o bebê dorme: porque venceu a luta com os pais e porque tem o colo de volta.

O que a mãe pode fazer é ajudar a criança: sentar-se ao lado do berço enquanto ela pega no sono. Mas o melhor mesmo é que o bebê se acostume a ouvir um "boa-noite" muito carinhoso e gostoso, preferivelmente acompanhado por um beijo repousado na testa. É preferível que nem haja banco, cadeira ou poltrona ao lado do berço, para o nenê saber que dorme sozinho.

"Por que o senhor insiste tanto em que o bebê durma separado? É tão gostosinho ele dormir com a gente. Isso vai criar algum trauma?" Esta é uma dúvida muito freqüente que os pais têm. O fato é que uma criança que dependa dos outros para dormir não é feliz. Fica ranzinza e inconformada de ter de dormir só. Uma criança que não dorme ocupa um adulto, geralmente a mãe, porque o pai acaba se desligando e dorme, pois, afinal, no dia seguinte, ele terá um dia pesado. Como se a mãe hoje em dia também não tivesse. Uma canção, uma historinha, uma musiquinha suave e tranqüilizante podem ajudar a embalar o sono do nenê já um pouco maior. Quanto maior for ele, mais o ritual de boa-noite deve ser cumprido.

É comum que crianças mal-educadas criem problemas para dormir. Levantam, saem do berço ou da cama, vão para a cama dos pais, ficam com sede (depois fome e frio), com vontade de fazer xixi, medos de escuro, e tantos outros argumentos, os mais criativos. E, é claro, elas vão se fixar naquelas queixas que mais atingirem seus pais. Para essas crianças, é preciso que todos pratiquem os exercícios de recuperação do dormir bem – que é cair no sono sozinho depois de se despedir dos pais.

Tudo o que as crianças pedirem (chupetas, mamadeirinhas com água, brinquedinhos) e um companheiro de dormir (geralmente um boneco de pelúcia que elas amam de paixão) poderia já ficar no berço para que elas sintam que estão no seu ambiente. É interessante também criarem o costume de fazer xixi antes de ir para a cama como uma das partes do ritual para dormir.

Se a mãe já acostumou o filho a tê-la a seu lado para dormir, é bom mudar esse costume, ficando cada noite um pouco mais longe dele, até que a mãe fique completamente fora do quarto. Birras dos pequenos são alimentadas pelos olhares da mãe. Portanto, ela tem que resistir ao "instinto materno" de querer "cuidar do filhinho que está chorando". Ajuda muito se a mãe se der conta de que esse é um choro de manipulação para "sangrar o coração de mãe".

A criança fica com o sono leve de três a quatro vezes por noite. Se ela costuma acordar cada vez que o sono fica leve, pega o costume de acordar várias vezes durante a noite. Essas ocorrências podem transformar-se no efetivo despertar se a mãe for pegá-la cada vez que ela se mexer, ou disser algo, ou resmungar dormindo... O natural na criança é que ela aprofunde outra vez no sono, sem ter despertado, para ter a sensação de que dormiu a noite toda.

Uma ou outra noite a criança pode até adormecer com os pais, e estes a levarem dormindo de volta para sua cama. Se isso se repetir por duas noites seguidas, é preciso interromper na terceira, mesmo que ela reaja muito. Mas ela deve estar despertada para voltar para a sua cama; afinal, nem mesmo um adulto gostaria de dormir acompanhado e acordar sozinho em outro quarto.

Primeiros passos, primeiros equívocos

Com um ano, a criança já adquiriu autonomia para realizar algumas façanhas. Começa a andar e logo estará correndo. Mas para chegar a esse ponto teve antes que aprender a sustentar a cabeça, a sentar-se, a ficar em pé. Existe uma seqüência a ser seguida. Até conseguir manter-se em pé, ela cai algumas vezes. Cair é para ela um acontecimento novo. Precisa aprender o significado daquilo, por isso sua primeira reação, antes de chorar, é olhar para a mãe. E a mãe, o que faz? Corre até ela, desesperada, dizendo: "Você se machucou? Meu Deus, socorro!" O pânico do adulto transmite a ela a seguinte mensagem: cair é perigoso. Há ainda o oposto: a criança cai e a mãe vira as costas como quem diz: "Problema dela". Como se o filho quisesse chamar a atenção. Mas a mãe pode, ainda, agir com naturalidade: "Caiu, ah, caiu!" e ficar olhando para a criança com uma expressão boa, tranqüila, enquanto espera que ela se levante.

As crianças com um ano de idade não se machucam quando caem sentadas. Se nós, adultos, cairmos, será um desastre, porque a musculatura está toda rígida. As crianças não se machucam porque caem "molinhas". Só que os adultos nem sempre têm paciência para esperar. O filho cai uma vez, a mãe vai até lá e o levanta; cai de novo, e a mãe torna a erguê-lo. Mas, se a criança já sabe se levantar sozinha, ela bate ou empurra a mãe como quem diz: "Quero me levantar sozinha".

Neste contexto já aparece um indício muito insidioso e matreiro de indisciplina. Sabe de quem?

Da mãe. A vontade de auxiliar o filho pequeno é tanta, que ela quer adivinhar o que se passa na cabeça dele.

> Quando uma criança cai e não quer ser erguida, a indisciplina materna ocorre quando a mãe a levanta, porque fez o que ela mesma queria, sem pesquisar qual era o desejo da criança.

No começo da vida do bebê, a mãe funciona como seu cérebro. Nessa fase, o bebê limita-se a manifestar seus incômodos, enquanto a mãe faz a leitura dos sinais, usando principalmente a intuição e a adivinhação para elaborar suas respostas. O desenvolvimento e a própria sobrevivência da criança dependem da capacidade materna de reconhecer e de atender às necessidades do filho. Tal capacidade, portanto, é imprescindível. Porém, por essa via saudável e natural de relacionamento passam também os vícios. No início, eles vão surgindo de forma tão sutil que nenhum dos envolvidos percebe. Não é fácil para os pais reconhecerem até que ponto estão ajudando ou atrapalhando seu filho.

Criança desrespeitada?

Entre os mamíferos, é impressionante como os adultos voltam sua atenção para um recém-nascido: por exemplo, assim que nasce um potrinho, todos os cavalos vêm cheirá-lo, e a égua, para proteger a cria, dá coices ou mordidas nos que se aproximam.

COMO SE CRIAM FOLGADOS E RESPONSÁVEIS

> Em qualquer mamífero, a mãe cuida da sua cria. No ser humano, esse cuidado se transforma em proteção e responsabilidade sobre o filho. Portanto, é natural que qualquer mãe queira agradar seu filho de todas as maneiras, sendo muito fácil virar superproteção.

Mas vamos supor que uma tia ou um avô que convivia com aquele bebê sorridente tenha que fazer uma viagem e ausentar-se por algumas semanas. Mesmo sendo uma figura íntima da família, o bebê provavelmente vai estranhá-la na volta. Por uma razão muito simples: ele esqueceu o rosto daquela pessoa. A memória da criança ainda não está suficientemente amadurecida para registrar fatos que aconteceram há dois ou três meses.

Então, o que acontece? A tia volta morrendo de saudades do bebê simpático. Na euforia do amor, nem se dá conta de que ele a estranhou, apanha-o nos braços. A criança entra em pânico e chora. Mesmo chorando, a mãe insiste para o bebê permanecer nos braços daquele parente, porque pensa: "Como você pode chorar no colo de alguém que lhe trouxe tantos presentes e que gosta tanto de você?"

Na verdade, a criança é movida por uma disciplina biológica que está sendo quebrada pela euforia do amor. Felizmente, porém, a grande plasticidade psicológica que existe em um relacionamento saudável permite que ela "supere" o desrespeito por parte dos pais.

Desrespeitos há muitos. Quando os pais não respeitam a disciplina biológica da criança – enfiando comida em sua boca quando ela não está com fome; mandando que ela fique quieta desnecessariamente; insistindo em que ela permaneça no colo de alguém, mesmo que este lhe seja estranho; lutando para que ela durma na hora em que eles querem, mesmo sem estar com sono... – a criança reage. Quanto mais velha for, mais rica será sua manifestação de desagrado. No começo, será apenas negação, oposição e choro; mais tarde, virão a argumentação e a modificação de comportamento.

E então, a mãe toma uma atitude, o filho reage, ela passa por cima dessa reação e lhe dá uma bronca ou castigo porque deseja manter sua decisão. Está configurado o abuso do poder por parte da mãe, que é maior em tamanho e em capacidade de argumentação. Resta à criança engolir suas reações para não desencadear a ira materna.

Como começam as birras

Algumas crianças são rebeldes. Desde pequenas não aceitam esse tipo de imposição, demonstrando força de ego. E, na falta de outros recursos, recorrem àquele que melhor conhecem: a birra.

> Filho fazendo birra, para fazer a mãe passar vergonha em lugares públicos, deve ser simplesmente enfrentado através da manutenção do não que já fora dito.

Basta a criança sentir-se frustrada: no shopping, no restaurante, na visita a casa daquele tio importante. A birra é uma ruptura no relacionamento; por meio dela, o birrento impõe à outra pessoa uma condição:

COMO SE CRIAM FOLGADOS E RESPONSÁVEIS

"Se você me atender, ótimo; caso contrário, vai sofrer muito". Trata-se de um estado perturbado de comportamento em que se nega a razão para fazer prevalecer uma vontade. O interessante é que a meta escolhida, a grande motivação da birra, é um capricho, uma vontade desnecessária. Ninguém faz birra por não querer estudar. Mas porque o pai não deixa comer um chocolate ou não compra um brinquedo no shopping.

Se a birra ocorre em público, e a vergonha que a mãe sente é mais forte que a raiva, ela acaba atendendo ao desejo da criança antes que a gritaria tome conta do local. O filho venceu. Quando uma criança consegue atingir o seu objetivo – ganhar um brinquedo ou um doce, mesmo que a mãe lhe diga não – ela descarrega dopamina, substância que produz sensação de bem-estar e prazer. O cérebro registra esse prazer como uma recompensa ao esforço feito. É o sistema de recompensa, que vai alimentar a próxima birra. Quando a criança não consegue o que ela quer, ela pode mudar de objetivo, já que não houve a recompensa. E a mãe deixa de desrespeitar as próprias proibições e passa a ser respeitada pela criança.

Desarmando a birra

A birra, como dissemos, é a dificuldade de aceitar um limite; a criança reage agressivamente de forma inadequada, até conseguir o que quer, expondo pais a situações desconfortáveis, não importa onde nem como. O sucesso da birra é conseguir que os pais lhe dêem o que ela quer. O sucesso de uma birra alimenta a próxima.

DISCIPLINA: LIMITE NA MEDIDA CERTA

O melhor meio de desarmar a birra é não atender nada do que for exigido por essa estratégia. A birra não é obrigar o outro a fazer o que o birrento quer? Portanto significa que o birrento está dependendo do outro. Cabe, assim, ao outro não dar sucesso à birra. A vitória do filho birrento, se houver, dependeu não dele, mas dos pais, que lhe deram a vitória.

Para desmontar o esquema de birras é produtivo o método educativo da *coerência, constância e conseqüência*. Coerência é a base sobre a qual os pais se norteiam nas ações de enfrentamento à birra. Se a mãe não aceita a birra, mas o pai (ou outro parente qualquer) a aceita, os adultos estão sendo incoerentes. Constância significa que o enfrentamento deve acontecer sempre, não importa onde, quando e nem por qual motivo. Se aceitarem a birra só porque têm visitas, os pais estão sendo inconstantes. Conseqüência é um dos ensinamentos mais importantes, pois tudo o que fazemos traz conseqüências, e a própria pessoa é responsável pelas conseqüências que seus gestos provocam.

Quanto menor for a idade, mais imediatas têm que ser as conseqüências. Portanto, nunca é produtivo castigar à noite, em casa, o que a criança "aprontou" de manhã na escola. Se a birra ocorrer em casa, é boa a estratégia de, em cada ambiente, escolher um lugar onde o birrento terá que ficar parado, sem fazer nada, pelo tempo de um minuto por ano de idade, pensando que não deve mais fazer o que fez.

Iniciada a birra, a mãe chega até a criança, agacha e fita firmemente os olhos dela (que devem estar à mesma altura, fazendo com que ela olhe também nos seus olhos) e diz com voz calma e firme, mas baixa e grave, sem gritar: "Você está sendo mal-educado porque está desobedecendo à mamãe. Pare de ser mal--educado e obedeça à mamãe. Agora você vai para o local onde devem ficar os mal-educados". Pode ser um banco, uma cadeira, um canto, um tapetinho, enfim, um local que fique geograficamente demarcado. Mantenha a mão segurando firme o antebraço da criança. Caso ela se recuse a olhar nos seus olhos, dê umas sacudidelas vigorosas. Crianças detestam ser sacudidas. Não a largue, mesmo que chore, que grite, que ofenda. Quando chegar ao local, explique outra vez, agachada, com voz baixa e firme, olhando nos olhos, qual foi o motivo pelo qual a criança está no local dos mal-educados. Quando largar o antebraço dela, faça-a repetir a causa por que ela está naquele local. A criança só deverá sair quando a mãe voltar ao local. Antes de sair, a criança deve repetir por que razão ficou ali e pedir desculpas.

Ninguém deve ficar remoendo depois sobre a conseqüência. Se ficou ali, paradinha no local e fez tudo direitinho, a criança pagou a má-educação cometida. Zerou a quilometragem. Não resta a dúvida de que a criança vai testar se realmente a mãe agüentará aplicar sempre tais conseqüências. Mas a mãe tem que mostrar constância.

Sim: este método para valer, tem que ser cumprido sempre, sem exceções. Num shopping, supermercado, outros lugares públicos, o método aplicado é o mesmo. O local onde arca com as conseqüências é que muda. Pode ser grudado à mãe, carregando alguma compra perto do carrinho etc. Não é preciso a mãe fazer escândalo, basta que seja firme em coerência, constância e conseqüência.

Os birrentos não são más crianças. Eles simplesmente querem o que querem e ainda não têm maturidade cerebral suficiente para consegui-lo de maneira mais adequada. Quanto mais empenhados em lutar pelo que querem mais inadequados os birrentos se tornam, porque o método utilizado é o da tirania, da imposição pelo grito, o de submeter os pais às suas vontades. O que os pais devem ensinar aos filhos birrentos é que conseguirão melhores resultados se usarem meios mais adequados para a vida fora de casa. Por que os birrentos não fazem birras com estranhos? Está mais que claro que estranhos não vão se perturbar com um birrento qualquer.

> A felicidade não se conquista com birras. Ela não pode vir acompanhada de sofrimentos e sacrifícios de outras pessoas.

Quem não tem boa auto-estima não lida bem com a frustração. Uma boa auto-estima garante paz e tranqüilidade valorizando o que se tem. Sofrer pelo que não temos, sem considerar o que possuímos, detona com qualquer auto-estima. No lugar de atender aos desejos do birrento é da sua auto-estima que os pais poderiam cuidar.

Dividindo tarefas com os filhos

Mães saudáveis preparam os filhos para arcar com as suas responsabilidades. Com o passar dos anos, elas vão delegando à criança o poder de se cuidar. Essa autonomia pode dar ao filho a sensação de felicidade, aumentar sua auto-estima e retroalimentar o sistema de recompensa. Felicidade ou saciedade que se ganha de mão beijada não aumenta a auto-estima porque dispensa exatamente a capacidade de crescer em liberdade.

Isto, entretanto, é muito diferente de abandonar totalmente o filho para que ele se cuide sozinho. Uma criança abandonada afetivamente tem auto-estima baixa e procura garantir-se por meio da exigência de saciedade em seus mínimos desejos. Torna-se intolerante diante das frustrações porque não tem dentro de si a força da auto-estima saudável.

Geralmente, a criança pode fazer bem menos do que precisa fazer. Não importa. Nada é mais gratificante para ela do que a sensação de ser capaz de realizar algumas atividades, principalmente quando o benefício é para si mesma. Ela estampa no rosto um olhar de vitória quando consegue vestir a própria roupa, amarrar o tênis, pegar um copo de água. Como se cada realização fosse um aprendizado que vai servir de base para um outro desafio, uma nova realização.

O que caracteriza a auto-estima é a capacidade de gostar de si mesmo por conseguir realizar suas vontades e necessidades. Essa auto-estima difere daquela gratuita, que provém do fato de ela ser amada por seus pais. Não adianta nada a criança sentir-

-se amada pelos pais, caso não se sinta merecedora de seu próprio elogio: foi capaz de satisfazer suas vontades ou necessidades. Cada tarefa resolvida funciona como um brinquedo novo que a criança se dá de presente e quer mostrar para todo mundo. Trata-se da auto-realização, passo fundamental para a felicidade. A criança não pode dar o segundo passo sem antes dar o primeiro. E o primeiro é tentar, sem a obrigação de acertar.

Cabe aos pais delegar ao filho tarefas que ele já é capaz de cumprir. Essa é a medida certa do seu limite. É por isso que os pais nunca devem fazer tudo pelo filho, mas ajudá-lo somente até o exato ponto de que ele precisa, para que, depois, realize sozinho suas tarefas. É assim que o filho adquire autoconfiança, pois está construindo sua auto-estima. O que ele aprendeu é uma conquista dele. As mães devem ficar orgulhosas pelo seu crescimento em vez de se sentirem lesadas por não serem mais "úteis".

O prazer de realizar sozinho

É lógico que a mãe vai executar todas as pequenas tarefas mais rapidamente que o filho. Mas ela deve ter paciência e tolerância para não apressar a criança, que tem seu ritmo próprio. O que a mãe pode fazer é adequar o tempo da criança, não permitindo que ela não o desperdice demorando – o que estimula a desistência. Além disso, a persistência não é uma característica infantil muito comum.

COMO SE CRIAM FOLGADOS E RESPONSÁVEIS

> Cada criança tem o seu ritmo. Umas são mais concentradas que outras e gostam de ver o seu trabalho pronto. Outras querem ver logo o resultado, sem paciência. Estas precisam de maior atenção dos pais para que aprendam a ter prazer em cada etapa realizada.

Crianças têm muito mais prazer durante a realização de um trabalho do que ao vê-lo pronto. É por isso que, depois de empilhar várias caixinhas, imediatamente derrubam tudo e começam de novo. Gastam muito mais tempo empilhando do que admirando o trabalho.

Se, por outro lado, a mãe atropelar a criança, pode transmitir-lhe a sensação de que ela é incapaz. A extrema (e inadequada) solicitude da mãe estimula o filho a aleijar seus braços, como se fosse impotente. Já dizia o psiquiatra José Ângelo Gaiarsa, no livro *Minha querida mamãe*: "Supermães geram paralíticos e débeis mentais. Sem uso, o cérebro pára".

Além de diminuir a auto-estima, tanta dedicação materna leva a criança a deslocar a sensação do prazer, que seria obtida ao realizar algo, para a do mero receber. Não é à toa que ela passa a ser uma criança sempre pedindo (seja o que for), pois o que importa é ganhar tudo (pronto). Quando não está ganhando nada, encontra uma maneira de pedir algo. Ocorre que a criança está confundindo a alegria de saciar a vontade de ganhar um brinquedo com a felicidade de brincar com ele.

> Nenhuma criança nasce folgada, ela aprende a ser. A indolência constante não é natural, mas resultado da dificuldade de realizar seus desejos por si mesma.

A criança só pode ser considerada folgada quando conhece suas responsabilidades e não as cumpre. A responsabilidade é conseqüência da confiança que os pais depositam no filho para a realização de algo que lhe cabe naturalmente. Estes não só devem reconhecer a capacidade do filho de desempenhar aquela tarefa, como também passar a contar com a cooperação da criança. Esta, por sua vez, incorpora a tarefa como algo que lhe cabe a partir daquele momento.

Um exemplo bastante comum: gostar de comer. Se a criança come porque sente fome, e o faz sozinha por ter o prazer de pegar os talheres, em pouco tempo ela será capaz de responsabilizar-se por comer sozinha o que tiver no prato. Não estranhe tal atitude, mas também não estimule o fato de a criança brincar diante da comida, esparramar tudo pelo chão, usar os talheres como brinquedos. A partir dessas experiências, se for educada para comer, com o tempo ela poderá organizar-se sozinha.

No entanto, se a criança come para agradar a mamãe, o não-comer passa a ser uma maneira de castigá-la. É clássico a mãe brincar: "Olha o aviãozinho" e, ploft!, enfiar a comida na boca da criança. Nesse caso, comer deixou de ser um ato de sua responsabilidade e se transforma em uma arma para arrancar outros benefícios da mãe.

COMO SE CRIAM FOLGADOS E RESPONSÁVEIS

Ninguém precisa limpar o prato. A criança come o que acha gostoso, não necessariamente o que a mãe considera mais nutritivo. Cabe à mãe preparar um jeito gostoso de oferecer os alimentos nutritivos.

Mais um exemplo: escovar os dentes. Naturalmente, a criança gosta de imitar os adultos. Se a mãe, o pai ou o adulto responsável escovar os dentes com prazer, a criança vai pensar que também terá prazer com esse ato. Ela já deve escová-los, antes mesmo de ser bem-sucedida. Quanto mais a mãe permitir que o filho brinque com a escova, e assumir apenas a tarefa de finalizar a limpeza dos dentes, tanto mais ele terá prazer em fazer isso. Não há nada mais lúdico para a criança do que brincar com a água e a boca.

Escovar os dentes pode virar um castigo quando o adulto não tem paciência de esperar o fim da brincadeira. Pior: usa a escova como uma arma carregada de balas (a pasta de dente), que invade intempestivamente a boca da criança, fazendo movimentos furiosos. Essa prática, muito comum nas mães apressadas de hoje em dia, acaba agredindo a criança. Se a mãe aguardar enquanto o filho escova e complementar seu trabalho com prazer (como se estivesse fazendo um cafuné), o hábito será incorporado à vida da criança como algo bem agradável.

Educar uma criança é também ensiná-la a administrar o seu tempo para cada atividade. Fazer algo, mesmo de que não goste, ou seja, fazer por obrigação, por dever, é algo que a criança precisa também aprender.

Embaixo de um folgado tem sempre um sufocado

> Os filhos não são todos iguais. Cada filho é único. Cada um desenvolve um tipo específico de capacidade. Por isso, os pais não devem se sentir mal quando favorecem mais um que outro.

A preocupação excessiva com a eqüidade é um dos mecanismos que conduzem um filho a agir como um folgado. Sabe como? Quando a mãe se sente na obrigação de realizar pelo filho mais velho algo que ele já tem capacidade de executar sozinho apenas porque o faz também pelo filho menor. Então, aquele que já é capaz deixa de exercer sua capacidade e dentro de si registra a seguinte mensagem: "Eu posso fazer, mas não vou, pois minha mãe também faz pelo meu irmão". Ou, tratando-se de filho único: "Eu sou capaz, mas por que vou fazer se minha mãe faz por mim?"

O mecanismo da folga é, no começo, uma malandragem consciente que em pouco tempo se transforma em hábito. Com freqüência, a criança não se acha folgada. Sente-se, ao contrário, lesada quando a mãe deixa de fazer o que sempre fez. Esse é o cúmulo da folga: ela passa a cobrar a realização de diversas tarefas como se fossem obrigações da mãe.

Principalmente as mulheres, que hoje têm vidas tão atribuladas, se sentem culpadas por muitas razões e facilmente entram nesse jogo, favorecendo as cobranças dos filhos. Há um casamento perfeito aqui: de um lado, a mãe sufocada pela culpa sente-se obrigada a fazer aquilo que, se avaliasse bem, concluiria que não é

COMO SE CRIAM FOLGADOS E RESPONSÁVEIS

mais sua função; do outro, o filho folgado. Em outras palavras, é o casamento do folgado (o que deixa de fazer) com o sufocado (o que se sente obrigado a fazer).

> O filho torna-se um folgado porque deixou de fazer o que é capaz de executar, e a mãe torna-se sufocada porque sente que precisa, além de muitas outras atividades suas, dar conta de tarefas que não lhe cabem mais.

O mais curioso nesse mecanismo do sufoco materno é que, enquanto os filhos são pequenos, a mulher não percebe quanto está sendo inadequada. De fato, ela não se sente sobrecarregada e atende aos pedidos das crianças com a maior tranquilidade. Porém, à medida que elas crescem, tantas atribuições acabam se transformando em um fardo pesado.

De onde vem a culpa materna?

A mãe sempre soube reconhecer o próprio filho. Já a paternidade só foi "descoberta" com a história da agricultura, cerca de doze mil anos atrás. Antes, a gravidez era tida como dádiva divina. Os irmãos conheciam-se pela linha materna. As crianças eram criadas pela mãe, com a ajuda do irmão desta. Os homens eram "nômades sexuais", isto é, uniam-se sexualmente às mulheres que iam encontrando pelo caminho. A atividade sexual feminina era reprodutora, enquanto a masculina, ejaculatória.

A mulher tem preparo biológico para a maternidade, e seu hormônio fundamental é a progesterona. Todo o sangue menstrual que se perde a cada ciclo é o que seria transformado em placenta, caso o óvulo fosse fecundado. Tanto que o primeiro sinal de gravidez é a ausência da menstruação.

O ser humano tem basicamente dois instintos fundamentais: o de sobrevivência e o da perpetuação da espécie. Na mulher, o da perpetuação é mais forte que o da sobrevivência. Para ela, o filho passa a ser mais importante do que ela. No ser humano, nada é mais forte que o sentimento de mãe. Ela não agüenta ver um filho com fome, sujo, doente, sendo ignorado, rejeitado e maltratado por alguém. No seu amor ao filho, ela vai submeter-se a ele se for guiada somente pelo instinto. Mas ela é também capaz de cobrar sacrifícios dele se for para o seu bem. Por isso ela se permite a lhe dar uns cascudos, mas ai de quem encostar um dedo nele...

Tamanha dedicação é necessária no começo da vida, mas se permanecer até o filho ter iniciativas próprias, a mãe vai pagar um preço muito alto, pois ela se considerará culpada se algo acontecer ao filho.

Atualmente as mães que trabalham fora, por estarem longe dos filhos, trazem secretamente uma culpa que as magoa muito e que piora se algo acontece ao filho. É como se a mãe entendesse que se estivesse por perto nada lhe teria acontecido. Este mecanismo é o mais insistente na culpa de mãe.

Essa culpa materna atrapalha a educação do filho porque, por mais adequado que seja um "não", ainda assim lhe custa muito aplicá-lo. Este "não" educativo parece-lhe uma forma de rejeição, e nenhuma mãe saudável suporta a idéia de rejeitar o próprio filho. No seu desejo de proteger e de criar o filho, ela se incomoda muito ao vê-lo sofrendo, principalmente passando fome ou frio. A criança tem que comer de qualquer jeito. Se o filho recusa o alimento que está no prato, a mãe sempre dá um jeito de oferecer um substituto. É justamente aí que ela começa a perder o equilíbrio relacional e a submeter-se aos caprichos infantis, confundindo vontade com necessidade.

No entanto, é preciso enfatizar o seguinte: a criança que aprende a comer é mais livre e, portanto, mais feliz. Uma criança feliz não aprisiona a mãe aos seus caprichos.

> Ficar sem comer um dia não mata a criança; pelo contrário, pode educá-la. A obsessão materna de saciar a fome do filho a qualquer custo o impede de aprender o ciclo vital fome/saciedade, essencial para criar a disciplina relativa ao ato de comer.

Em comparação com a disciplina, a fome seria o equivalente ao empenho em conseguir algo, e a saciedade, ao gosto de o ter conseguido. Se a criança não come o alimento que lhe foi preparado, a mãe fica desesperada e oferece-lhe guloseimas. Seria preferível não dar nada para que então o filho sinta fome de alimento. Nesse sentido, o papel da mãe moderna não difere muito do da sua ancestral paleolítica: por força do instinto, a mãe continua a se sentir obrigada a alimentar o filho e considerar falha sua se ele não comer.

Como a criança mistura todas as funções, essa perda dos limites na maneira pela qual a mãe a alimenta começa logo a estender-se a outras áreas. Assim, o filho pára de cumprir suas obrigações, e a mãe, em vez de cobrá-lo, deixa a questão de lado porque não suporta ver a criança se sacrificando para fazer algo. Dessa situação resulta, portanto, um folgado.

O pai também é responsável

Em geral, o pai tem mais condições de estabelecer autoridade para que a disciplina familiar seja mantida, porque a maioria dos homens tem a tendência de proteger mais a mãe (sua fêmea) que os filhos. Por essa razão, os filhos também se ligam mais à mãe, entrando, assim, em rivalidade com o pai, para quem os filhos passariam a ser um "estorvo". É o complexo de Édipo. Levado a extremos, é como se o filho quisesse eliminar o pai para ficar com a mãe. Na mitologia grega, Laio mandou matar todos os seus filhos do sexo masculino, seus possíveis futuros rivais. Mas um deles sobreviveu, Édipo, e cumpriu seu destino trágico: matou o pai e casou-se com a mãe, Jocasta. Desta história arquetípica, Freud tirou o complexo de Édipo.

O jurássico macho nem sabia que era ele que engravidava a fêmea. Mas seu foco de atenção e desejo de proteção era a sua fêmea. Num conflito familiar, quando um macho briga com os filhos, estes recebem proteção da mãe. Ninguém mexe com meus filhos, nem que seja o próprio pai, pensa ela. Mas se os filhos brigam com a mãe, esta recebe a proteção do marido. Ninguém mexe com minha mulher, nem que sejam meus próprios filhos, pensa ele.

COMO SE CRIAM FOLGADOS E RESPONSÁVEIS

Atualmente, com a perda da autoridade paterna, os filhos é que se tornam implacáveis com os pais. Quando um pai tenta impor disciplina, negando algo para o filho acostumado a ter tudo da mãe, este vê no pai um empecilho e tenta "eliminá-lo".

De modo geral, quando o pai aplica um castigo, a mãe procura abrandá-lo. Desta falta de coerência entre o casal pode surgir o filho folgado que vai se aliar a quem lhe interessar. Um folgado não se rege pela disciplina, mas sim pelo que lhe convém. O folgado sempre delata o irmão naquilo que um dos pais reprova mas conta de si aquilo que um deles aprova. Os pais acabam tomando medidas injustas se levarem em conta somente o folgado.

> Por trás de todo pai linha-dura, há sempre uma mãe mais condescendente, e vice-versa.

Durante muito tempo, a psicanálise culpou apenas a mãe. E não poderia ser diferente: no tempo de Freud, quem realmente cuidava das crianças era a mulher. Mas hoje aquele furor antimaterno pode ser dividido entre as duas figuras que compõem o casal.

Na minha experiência, os casos mais complicados de delinquência ou dependência de drogas recebem uma contribuição enorme da falta de ação do pai. Em última instância, o pai ainda é o grande controlador. Quem dá a palavra final – sim ou não, paga ou não, bate ou não – é o pai. Tapa de pai é muito diferente de tapa de mãe.

Não há nenhuma proibição na família, eles fazem tudo o que querem. Daí levam essas vontades para fora de casa e querem saciá-las a todo custo, principalmente quando não há ninguém por perto para inibir.

> Os delinqüentes sociais nada mais são que os folgados familiares que praticam na sociedade os abusos que já faziam em casa.

No caso das drogas, acontece o mesmo: o filho não respeita o próprio limite e vai abusando até perder o controle, porque a droga tem uma ação química própria dentro do organismo, independentemente da cultura, educação, raça, cor e sexo. Quando falha o "grande controlador", que é a família, representada pela figura do pai, os abusos começam a acontecer. E, quando um abuso é bem-sucedido, ele se estende para o âmbito social, por meio da delinqüência e da compulsão pelas drogas.

Como alterar a dinâmica folgado-sufocado

Voltemos à história de Mário, aquele rapaz de dezessete anos que se trancou na cozinha, numa tarde de domingo, ameaçando se matar com uma faca porque não queria ir comprar uma sobremesa. Como evitar novos episódios do gênero?

Uma vez estabelecido o diagnóstico do relacionamento de folgados e sufocados, é preciso uma reformulação com base nos sufocados para que o folgado seja menos delinqüente. Como a sociedade tem regras mais fortes, rígidas e claras que a família, o grande temor dos pais é que o filho faça fora de casa o que já está fazendo dentro. E com certeza a sociedade não

será condescendente como a família. A relação custo-
-benefício precisa ser restabelecida para alterar esse
esquema. Do contrário, se os pais não arcarem com
esse custo, o filho pode jogá-lo aos irmãos, tios, avós
ou mesmo aos empregados da casa.

> Enquanto houver quem se sufoque pelo folgado,
> seu inadequado comportamento será mantido.

Mário vivia com folga financeira. Os pais tentavam organizar seus gastos por meio de mesada. Mas
não existe um sistema perfeito de administração de
mesada: seu valor e o que deve abranger dependem
de uma negociação em família. Em muitas, o desrespeito à mesada é conivente. O filho quer mais dinheiro, os pais dão; o filho pede adiantamento, os pais
concordam. Acham "uma pena" ele deixar de usufruir
um programa com os amigos por estar sem dinheiro,
que para os pais está até sobrando ou, pelo menos,
não está sendo contabilizado de forma rigorosa.

Os pais de Mário resolveram apertar: não lhe dar
um centavo além do valor da mesada. Então ele começou a pedir empréstimo à irmã, que era mais econômica e sempre tinha dinheiro guardado. Alertada, esta
também passou a negá-lo. Aliás, nunca tinha recebido
do irmão nem um centavo de seus empréstimos.

A saída foi conseguir dinheiro com o motorista da
família. Como ele era de muita confiança, fazia as
compras da casa e as contas nunca eram conferidas.
Em vez de devolver o troco, passou a desviar uma parte para Mário. Quando o esquema foi descoberto, os

pais desistiram de controlar o comportamento monetário do filho por causa da própria dinâmica familiar. Havia ainda a avó e outros parentes que poderiam ser extorquidos. E antes que o folgado ultrapassasse os muros da casa, pedindo dinheiro fora, os pais resolveram mudar de tática. E, com isso, foram sufocados outra vez pelo filho!

Arcando com as conseqüências

"Você fez, você assume as conseqüências" foi a segunda premissa aplicada. Isso implica cobrança e castigos no caso de não-cumprimento das expectativas. Foi o que os pais fizeram em relação à sobremesa do domingo: para arcar com a responsabilidade de ter comido todo o doce, Mário teria de comprar outro igual. Só que, nesse caso, a execução da tarefa dependia exclusivamente do gesto final do filho. Os pais podiam apenas mandá-lo comprar a sobremesa ou até mesmo enfiar dinheiro no bolso dele. Mas dependia única e exclusivamente de Mário a atitude de levantar-se e ir até a padaria. Se a briga era pelo poder, foi como se os pais dessem maior poder ao filho. E ele, tranqüilamente, usou esse poder contra os próprios pais, negando-se a executar o pedido.

> Eis aí o princípio básico da impunidade: existe o castigo, mas ele não é aplicado.

A consequência não é aplicada, pois os pais se transformaram em sufocados por perderem autoridade, mesmo que ainda tivessem poder. Na vida, é mais aten-

COMO SE CRIAM FOLGADOS E RESPONSÁVEIS

dido quem tem mais autoridade do que poder. Significa que os pais também têm a sua quota de responsabilidade nessa folga de Mário. *Eles foram coniventes.*

Tal costume não se muda com uma única ordem, de repente. Mário tem já há tantos anos a prática em ser folgado que precisa ser reeducado. Não é com castigos, mas sim aplicando o princípio das conseqüências. Conseqüências são combinações previamente feitas que têm que ser cumpridas. Mário e seus pais teriam que encontrar para cada folga uma conseqüência que propiciasse o aprendizado de não sufocar ninguém.

O que lhe aconteceria, caso não cumprisse o combinado, ou violasse alguma regra existente? Mário teria que ressarcir os danos, isto é, encontrar uma maneira de compensar o prejuízo causado. Se Mário comeu toda a sobremesa, poderiam combinar que ele faria a sobremesa do jantar ou do próximo final de semana, comprando com seu dinheiro os ingredientes e preparando-a com seu próprio esforço (pode ser que acabasse até gostando de preparar sobremesas). Caso ele não preparasse, então perderia alguns privilégios já previamente combinados.

> Se os pais não conseguirem cobrar as conseqüências, então não as combinem.

A melhor solução hoje: convivência concentrada

Não é preciso esperar pelo destino. Existem métodos que podem ser aplicados hoje à família de Mário. Por exemplo, a convivência concentrada. Quando o pai

DISCIPLINA: LIMITE NA MEDIDA CERTA

tiver de fazer uma viagem de negócios para bem longe, de preferência para o exterior, para um país cuja língua o filho desconheça, deve levá-lo junto, apenas pai e filho, sem amigos por perto. Não vale viagem de três dias, pois um comportamento mal-humorado pode estender-se por esse período. Pai e filho precisam conviver, no mínimo, durante uma semana para recuperar os parâmetros relacionais.

Nesse período, o pai dedica-se a seus afazeres profissionais e, além disso, convive com o filho. Este que faça o que quiser enquanto o pai trabalha, porém os dois terão de se sentar juntos à mesa do café da manhã, do almoço e do jantar, além de dividir o mesmo quarto – se possível, sem televisão. A decisão de o que comer é conjunta. Ainda que cada um peça o que quiser, precisarão negociar para escolher o restaurante ao qual irão juntos. Assim como essa, outras decisões conjuntas precisarão ser tomadas.

> A convivência concentrada é uma espécie de soro na veia, contendo as bases de um bom relacionamento. Dá condições de restabelecer o vínculo saudável entre pai e filho.

Provavelmente, o filho ficará mal-humorado nos primeiros dias e o pai, impaciente. Mas ambos terão que aceitar isso como se fosse parte do tratamento. Contudo, o que de início soa como castigo pode tornar-se um grande prazer, mas somente se a dinâmica familiar não for repetida, pois, se o pai titubear, o filho vai agir como folgado novamente. Numa situação hipotética, ele diz que não vai almoçar. Tudo bem, mas a atitude correta do pai seria a seguinte: "Então você vai comigo ao restaurante, vai se sentar ao meu lado e me fazer companhia". Quando a fome apertar, qualquer teimosia será abrandada. Para se organizar, o folgado tem que partir de um ponto com alguém que esteja disposto a reorganizar-se também.

Mesmo parecendo estranho que um filho com comportamento como o de Mário esteja sendo "premiado", e os outros filhos reclamem, os pais poderiam explicar a todos: cada filho funciona como filho único. No momento, é Mário que está precisando de atenção especial. Talvez em outros momentos outros precisem mais que ele. Agora é o momento do Mário.

Capítulo 2

A liberdade e os novos tempos

A MAIOR LIBERDADE QUE o ser humano tem é o poder de escolha. A qualquer momento, ele pode escolher o que fará nos próximos passos. O complemento dessa liberdade é a responsabilidade de assumir as conseqüências de suas escolhas. Portanto, liberdade significa ter responsabilidade conseqüente. Caso contrário, a liberdade geraria uma confusão tão grande, que ninguém mais teria boa qualidade de vida.

A liberdade é relativa, variando conforme as pretensões, porque não existe a liberdade absoluta. Quando se faz uma escolha entre duas situações, a que não foi escolhida ou se perde ou fica em segundo plano. Logo, o exercício da liberdade já envolve uma perda. No cotidiano, a liberdade está em fazer uma escolha bem adequada conforme as conseqüências pretendidas. A vida propicia tantas oportunidades

A LIBERDADE E OS NOVOS TEMPOS

que, se não houver responsabilidade, qualquer pessoa pode se desorganizar ou se perder.

A mente não possue fronteiras, e inteligente que somos, podemos realizar devaneios, desde que se transformem em sonhos com projetos de execução. Num inverno, com tempo coberto e frio, gostaríamos de estar numa praia aberta, com sol gostoso e céu azul. Mas é impossível viver as duas situações ao mesmo tempo. Podemos, entretanto, escolher entre ficar ou ir para um ou outro lugar. Uma vez na praia, a liberdade muda de figura.

Uma casa com crianças sem adultos que se responsabilizem por elas é um claro exemplo das conseqüências de liberdade sem responsabilidade. Os filhos desde pequenos têm de aprender a lidar com a liberdade responsável. A aquisição da responsabilidade é um aprendizado obrigatório e, quanto mais cedo os filhos aprenderem, tanto melhor viverão todos.

Todas as crianças adoram brincar. Num parquinho infantil elas podem ir ao brinquedo que quiserem, mas têm de aprender o que é usufruir dele e o que é correr o risco de cair, machucar-se, ferir outras pessoas, respeitar a sua vez de usar o brinquedo etc. Isto tudo com a presença dos pais – ou não.

Hoje, a criança com dois anos de idade fica longe dos seus pais: já freqüenta a escolinha (portanto está sob responsabilidade de outros adultos). Mesmo dentro de casa, os pais delegam a responsabilidade de cuidar das crianças para outros. Esses outros adultos (funcionários, babás, motoristas etc.) não são os responsáveis pela educação, pois detêm outras funções,

DISCIPLINA: LIMITE NA MEDIDA CERTA

também necessárias à vida das crianças. Porém, os pais deveriam ensinar seus contratados, em casa, a cumprir também os ensinamentos que eles mesmos dariam se com os filhos estivessem.

Por exemplo, a liberdade de brincar com seus próprios brinquedos implica cuidar deles. Faz parte dos cuidados guardar os brinquedos após acabar a brincadeira. As crianças não podem simplesmente sair correndo, largando todos os brinquedos no chão. Deve fazer parte da brincadeira o ato de guardar. Assim como os pegaram, as crianças têm condições de guardá-los. É dessa maneira que elas cuidarão de seus pertences na escolinha, na turma de adolescentes, nos negócios dos pais. Apesar de ser função dos contratados trazer a casa em ordem, babás e funcionárias não devem guardar os brinquedos. A função nova, agora, é lembrar as crianças de que elas mesmas têm que guardar os brinquedos.

Quanto à comida, é bom ter liberdade para escolher o que comer; mas, se a escolha dos filhos recair sobre batatas fritas e *fast-food* rapidamente elas podem sofrer de males clínicos e necessitarão de cuidados médicos. Quem arcará com essas conseqüências? É claro que são os pais. Ou seja, os filhos curtem a liberdade, mas quem arca com a responsabilidade são os pais. Enquanto forem bebezinhos, pode ser. Mas manter esse esquema com estudantes universitários?

Se para os filhos fica a liberdade de curtir a vida, fazendo somente as coisas de que gostam e as que lhes dão prazer, podemos perguntar: por que não usar drogas quando estiverem nas ruas, longe dos pais?

A LIBERDADE E OS NOVOS TEMPOS

> A criança não sabe o que é liberdade pessoal. Simplesmente faz o que tem vontade de fazer.

Por isso, os pais deveriam determinar o que os filhos devem comer (porque podem comer aquilo de que gostam em outra hora). É uma responsabilidade que os filhos têm que desenvolver: cuidar do próprio corpo. Quem cuida do próprio corpo não se arrisca a usar drogas.

Criança não raciocina como adulto

Os pais ficariam mais tranqüilos se levassem em consideração o fato de que muitas das atitudes da criança são tomadas sem a mesma consciência do adulto. Com freqüência, recriminações tão comuns do tipo: "Mas você não viu que ia cair?" são injustificadas. Para fazer uma projeção sobre o que vai acontecer depois, a criança precisa ter vivido uma experiência similar e aprendido com ela. Na hora em que pegou o lindo vaso de cristal que estava na mesa, provavelmente nem pensou que poderia quebrá-lo. Queria apenas brincar. Ao ver o vaso quebrado, ela aprende que os objetos podem se quebrar. Só então passa a ser capaz de optar por quebrar ou não algum objeto.

Recentemente, um executivo e a esposa vieram me procurar porque ambos não agüentavam mais o comportamento do filho. O garoto fazia tudo o que queria, deixando a casa em grande desordem. Não os respeitava de modo nenhum. Era capaz de acabar com tudo o que encontrasse pela frente, caso um desejo seu não fosse atendido. A mãe vivia em função do filho e também o pai, que era interrompido em seu trabalho por telefonemas constantes. Pasmem: o garoto só tinha oito anos de idade.

Em outra ocasião, estávamos dramatizando algumas situações. A cena era a seguinte: o garoto tinha acabado de quebrar um vaso porque havia sido contrariado, e o pai deveria ter com ele uma conversa séria. O pai começou seu discurso da seguinte forma: "Filho, eu sei que você quebrou o vaso sem querer, e..." Não precisava acrescentar mais nem uma palavra. A frase foi fundamental para chegarmos à conclusão de que, depois desse comentário, nada do que dissesse faria o filho entender seu erro. Além de desculpar a atitude do menino, o pai tinha negado a emoção que o consumia, a raiva que o fizera quebrar o vaso com tanta força e, ao não confirmar a raiva do filho, dizendo que havia sido mero acidente, o pai não só tirava a responsabilidade da criança; pior: agia como se soubesse o que se passava na cabeça do filho. A frase resumia o sistema educacional inadequado de toda essa família.

Aparentemente, aquele menino, filho único com dois adultos para satisfazer seus mínimos desejos, tinha a liberdade de fazer o que quisesse em casa. Mas quem olhasse no fundo de seus olhos perceberia quanto ele era impotente e infeliz. Impotente porque tudo o que fazia não era reconhecido, não lhe conferia poder. Infeliz porque não tinha pais companheiros com os quais pudesse partilhar emoções. Ele chorava o velório da liberdade pessoal, e seus pais cantavam para alegrá-lo por meio da realização de suas vontades, apesar de estarem angustiados internamente.

A raiz da timidez

Conforme o filho vai crescendo, os pais mostram-lhe o que ele deve ou não fazer. Aos poucos, vão concedendo algumas permissões. Quando estas faltam, e no seu lugar há censuras sucessivas, críticas e reprovações às suas iniciativas, a criança pode crescer sentindo-se tão "proibida", a ponto de ela mesma proibir-se de fazer algo. Daí resulta a timidez, um transtorno no comportamento do ser humano.

> A criança hipersaciada também pode tornar-se tímida. Afinal, os pais hipersolícitos atendem a todas as suas vontades, e ela não aprende a se virar sozinha.

Basta a ela sentir-se desacompanhada dos pais, em ambiente diferente ou diante de qualquer pessoa estranha, que logo se vê atacada pela timidez. A timidez é antinatural. O primeiro sinal de contato – isto é, de manifestação de relacionamento – do bebê com o mundo é o sorriso. O adulto desarma-se diante do sorriso de uma criança, pois sabe que não existem segundas intenções. Trata-se apenas de um sorriso. Pura expressão de alegria.

Uma criança sorridente é uma criança simpática, o orgulho dos pais. Por volta do oitavo mês de vida, quando passa a não querer ir para o colo de estranhos, torna-se antipática. Alguns pais não admitem essa reação, forçando o bebê a aceitar a pessoa que lhe é estranha, como se fosse seu amigo íntimo. É assim que começa o mecanismo de auto-repressão da criança. Cada vez que os pais a reprovam por não aceitar alguém, ela mesma a aciona, reprimindo suas defesas naturais para receber a aprovação dos pais. E assim deixa de ser espontânea. A timidez é a perda da espontaneidade.

A criança aprende fazendo tentativas. Erros e acertos são fundamentais. Se os pais não aceitarem os erros, criticando duramente o filho, ele próprio deixará de aceitar seus erros, perdendo, então, a liberdade de arriscar. Resta-lhe a obrigação de acertar sempre.

Acertar é agradar aos pais. Logo, esse acerto é subjetivo, pois depende do critério que os pais utilizam para aprovar ou não a atitude dos filhos. A timidez é a perda da liberdade de tomar iniciativa.

> Uma educação severa, em que o erro é castigado e o acerto nem sempre é premiado, gera pessoas tímidas. Portanto, a timidez pode ser resultado de pais muito exigentes.

Quando a repressão é muito grande, a criança amolda-se e sofre calada. Caso não se adapte à repressão, ela seleciona ambientes em que pode ficar quieta e nos quais pode bagunçar. Essa é a explicação para aquelas crianças tímidas na escola e superbagunceiras em casa ou tremendamente obedientes em casa e indisciplinadas fora dela. Elas obedecem parcialmente à repressão na presença dos repressores. Na ausência deles, passam a reprimir os outros, a "delinquir". É o método da gangorra: de um lado senta a timidez, do outro, a delinquência.

O valor da permissão

A permissão dos pais funciona como uma autorização para os filhos. Criar é fácil, difícil é educar. Assim, não basta permitir, mas conferir à permissão um caráter educativo. Muitas permissões nascem da impaciência, do cansaço, da preguiça, do comodismo e da perda de referência dos pais para educar. Educar dá muito trabalho. E essa permissão, às vezes, está implícita no olhar ou até mesmo no tom de voz, apesar de a frase ser proibitiva: "Não pode".

Quantas vezes ouvimos uma proibição com tonalidade de permissão! Por exemplo, a criança vai fazer algo e a mãe fala *não*. Ela percebe o tom vacilante da mãe, aproveita a brecha e faz assim mesmo. Nada lhe acontece. É a confirmação de que o *não* da mãe, no fundo, era um *sim*.

A criança está descobrindo o mundo. Tudo é novidade. O *pode/não pode* é um critério estabelecido pelos pais que terá conseqüências na conceituação da liberdade pessoal. É muito diferente o pai que permite e transmite ao filho o verdadeiro conceito da liberdade daquele que, exigindo demais, torna o filho um eterno revoltado.

Certa ocasião, atendi a uma adolescente que queria usufruir de tudo a que achava ter direito. O pai, por sua vez, vivia reclamando: "Você tem liberdade demais!" Ela retrucava: "Estou aprendendo a viver sozinha. Não quero ser como o senhor: tem dinheiro, compra as coisas, mas não usa com medo de gastar. Não consegue aproveitar nada da vida".

O fato é que essa garota não tem a liberdade verdadeira. Na infância, sentiu falta dela. Quando se viu livre do pai, empanturrou-se a ponto de ficar obesa de liberdade. Agora, ela se sente obrigada a ser livre, quer dizer, prisioneira da liberdade. Nada permitir ou, no extremo oposto, permitir tudo são hábitos igualmente nocivos do ponto de vista educacional.

Limites: ontem e hoje

No passado, o limite era castrador, e o castigo, corporal. Mesmo que o pai estivesse sem fazer nada, os filhos não podiam se aproximar. "Seu pai precisa descansar porque trabalhou", dizia a defensora ferrenha dessa condição, sua esposa. Ou então: "Não sobrecarregue seu pai com essas coisas". Muitos pedidos dirigidos ao pai não eram verdadeiramente necessidades, mas vontade de conviver com ele.

Porém, com essa barreira, o pai tornava-se uma figura distante, ameaçadora e punitiva. Cabia-lhe a tarefa de dar castigo quando a criança desobedecesse à mãe. Como resultado, esse tipo de educação gerou nos filhos uma revolta íntima e formou dentro deles um grande desejo: "Quando me tornar pai, serei diferente: carinhoso, afetivo, aberto a conversas, amigo de meu filho". Com esse desejo, havia também o de sair de casa.

> Com voz grossa, paciência curta e mão pesada, os pais patriarcas autoritários mais adestravam que educavam os filhos.

Para organizar as idéias em relação aos caminhos dos limites ao longo das sucessivas gerações, apresento sumariamente uma seqüência, na qual me baseio para

A LIBERDADE E OS NOVOS TEMPOS

a compreensão da atual agitada geração "tirana interne-
tada", partindo do clássico e vetusto bisavô patriarca.

Geração do patriarca empreendedor

Formada por famílias cujo pai era a autoridade máxima; bastava ele olhar, que todos os filhos obedeciam.
Era vigente nessa época a verticalidade dos relacionamentos, no qual um mandava e o outro obedecia: pai-
-filhos, chefe-empregados, professor-alunos. Talvez a
última geração do machismo absoluto, na qual nem
mulheres nem crianças podiam se manifestar. O limite era estabelecido pelo pai-patriarca e tinha que ser
cumprido à risca, caso contrário, vinham castigos físicos. Muitos destes patriarcas foram empreendedores
e fundaram empresas; algumas destas empresas resistem até hoje, tendo superado o grande problema da
sucessão familiar.

Geração dos ex-hippies

Tomo os hippies como exemplo emblemático, porque
compõem a parte barulhenta dessa geração. Mas existe uma maioria silenciosa que passou longe do movimento hippie, embora pertença à mesma geração.

A geração dos hippies rebelou-se contra o autoritarismo patriarcal, resumido nesta frase que ela
ouviu muito seus pais lhe dizerem: "Enquanto vocês
(filhos) viverem aqui terão que obedecer às regras
desta casa". As crianças tinham de aceitar ordens
verticais como: "Quando um burro velho fala, os outros (burrinhos) abaixam as orelhas". Abaixar as orelhas significava submissão.

Quando adolesceram, muitos jovens levantaram suas orelhas e saíram de casa em busca de liberdade. Muitos deles voltaram para casa e sucederam os pais nos negócios iniciados por eles, que continuaram atuantes. Outros se instalaram em outros ramos e conseguiram iniciar seus negócios.

Essa geração de ex-hippies e seus contemporâneos não quis repetir o esquema educacional de seus pais patriarcas e *se calou* diante dos seus filhos, que acabaram se tornando "folgados" porque não receberam limites.

Geração dos "folgados"

Essa geração, cujo exemplo emblemático é a figura do "folgado", pretendia abrir mão da sucessão no trabalho dos pais (mas não da herança) para ser um feliz dono de pousada na praia. Crescera sem tantas cobranças, sob o sucesso e dinheiro dos pais que nada lhe negavam. Mas os ex-hippies tinham dentro de si os resquícios educativos patriarcais que acabaram ocasionalmente aparecendo para os "folgados".

Esta geração, constituída de dois a quatro filhos, foi a que cresceu com a tecnologia em franca expansão. Os computadores surgiram na sua adolescência. É a geração dos netos do grande patriarca. Enfrentam o problema da sucessão da empresa familiar, pois já não têm mais o espírito empreendedor nem competência administrativa dos seus pais e avós. São os adultos jovens de hoje, que não conseguem impor limites a seus filhos, porque também não os tiveram.

Geração dos "tiranos"

São os filhos dos "folgados", que estão crescendo já com o telefone celular nas mãos. A sociedade restringiu sua convivência familiar pois, além do pai, a mãe também trabalha fora, e, por isso, os filhos vão para a escola com 2 anos de idade. Aos 3 anos, já sabem ligar o aparelho, colocar e assistir ao DVD de sua preferência. As mães e os pais estão se sentindo culpados por ficarem tanto tempo longe dos filhos; mesmo sentindo-se endividados, dão-lhes tudo o que pedem. Mas se não derem, os filhos passam a extorqui-los, com agressões e chantagens afetivas, birras e pirraças, gritos e lágrimas, até dominá-los. Assim, os filhos ficam "tiranos", extorquindo tudo dos seus pais.

Por serem muito estimulados mentalmente, têm bastante rapidez e argumentos para respostas parecendo até mais inteligentes que os irmãos mais velhos. Exigem muito dos pais e dos pais dos pais, que se encontram impotentes para estabelecer limites, a ponto de os pais delegarem às escolas a educação dos seus filhos.

Tiranas são as crianças que mandam e desmandam nos pais e avós e já querem mandar também nos seus professores e nos funcionários da casa. Estes adultos, mesmo tendo poder, não têm autoridade, pois os pequenos tiranos não lhes obedecem. Acabam tomando o poder pela autoridade que lhes foi conferida pelos seus próprios pais. Agora o ditado patriarcal do "burro-velho-quando-fala" fica assim: "quando um burrico grita, todos (pais e avós) abaixam as orelhas".

[Nenhuma família pode ser regida por crianças.]

Estas não têm competência necessária, acabam submetendo os pais e avós às suas próprias vontades e desejos, que, por natureza, não têm limites.

Criando tiranos

A sociedade não está dividida em grupos de acordo com suas idades e gerações. Encontramos, convivendo em um mesmo momento, várias gerações: patriarcas, ex-hippies, folgados e tiranos.

Seja qual for a geração, os pais podem estar criando tiranos e não educando seus filhos para ser futuros cidadãos se:

- Fizerem tudo o que estes exigirem, por temor a perder o amor dos filhos.
- Negarem terminantemente o que os filhos querem, mas, cansados diante de tanta insistência deles, acabarem cedendo.
- Defenderem sempre os filhos contra todos, inclusive contra a escola, baseados somente no que eles dizem.
- Prometerem castigos e/ou conseqüências, e eles mesmos não cumprirem.
- Fizerem pelos filhos o que eles já têm condições e o dever de fazer (lição de casa, guardar brinquedos, amarrar cadarços dos tênis etc).
- Engolirem calados todos os sapos que os filhos preparam.
- Abrirem mão de tudo o que têm a fazer para satisfazer as vontades dos filhos.

- Derem sanduíches ou lanchinhos logo após a recusa de comer no almoço ou no jantar.
- Forem supersolícitos para compensar nos filhos seus próprios sentimentos de culpa por separações conjugais, viagens e até por estar fora de casa, trabalhando.
- Perderem o respeito entre si e passarem a sabotar, maltratar, ofender, ridicularizar, agredir, menosprezar, trair um ao outro.

Se um dos pais:

- Contrariar sempre o seu cônjuge para estar a favor das crianças.
- Usar ou agradar seus filhos para agredir o seu cônjuge.
- Fizer pacto ativo (cúmplice) ou passivo (conivente pelo silêncio) com as transgressões dos filhos sem o conhecimento do seu cônjuge.
- Levar um copo de água toda vez que um filho, sentado na frente da televisão, pedir.
- Recolher toda a bagunça deixada pelos filhos.
- Tiver de reclamar mais que três vezes sobre as mesmas transgressões sem tomar nenhuma atitude conseqüente.

Se os filhos:

- Fizerem somente o que têm vontade de fazer, deixando de lado suas obrigações.

DISCIPLINA: LIMITE NA MEDIDA CERTA

- Não aprenderem a arcar com as conseqüências dos seus atos.
- Não tiverem de agradecer, cumprimentar, abraçar, beijar os seus pais, mesmo que em ocasiões especiais.
- Conseguirem tirar com muita facilidade a mãe da cama do casal para dormir com eles.
- Sentirem que nada lhes acontece, mesmo que não cumpram o prometido, não tendo razões para serem responsáveis.
- Acharem que podem enganar seus pais porque estes jamais duvidarão das suas palavras.

Se tudo isso ocorrer, teremos um caminho educacional para a tirania dos pequenos e a construção frágil da sua soberania.

Por trás dos caprichos

Pais que permitem ser submetidos aos caprichos dos filhos estão lhes ensinando a agir da mesma forma com outras pessoas: empregados, professores etc. Esse filho lança o desafio: "Se até meus pais, que podem mandar em mim, não o fazem, quem são vocês para mandar?". Sente-se, então, o ser todo-poderoso.

> Meu filho é mal-educado, mas não foi isso que lhe ensinei!

Uma queixa comum das mães é a de que o filho adolescente xinga e maltrata a empregada. "Não foi isso o que eu lhe ensinei", garantem elas. Mas tal comportamento não começou de uma hora para outra; ele denuncia que os pais deixaram de ensinar que não importa o nível socioeconônico e profissional, todas as pessoas merecem respeito; ou, então, o costume de outra pessoa o inspirou. De qualquer maneira, quando o jovem agiu de forma errada, os pais não o corrigiram adequadamente.

Talvez, entretanto, o filho não seja um folgado nem um caprichoso, mas uma vítima de pais que exageram, colocando limites demais. Quando a repressão é muito grande, o filho tem um modelo repressor internalizado e o externará sempre que puder. Ou seja, se sofre repressão dos pais, vai reprimir outros, mais fracos. É o mecanismo gangorra.

[Os filhos usam tudo aquilo que aprendem a seu favor.]

Filhos folgados, mas internamente inseguros, fora de casa podem submeter-se timidamente ao primeiro que lhes colocar um limite, um amigo ou professor, por incapacidade de reagir. Às vezes, acontece o inverso: em casa submetem-se, para descontar depois na escola. Felizmente, o ser humano tem a possibilidade de modificar o que não está bom, solucionando problemas. O que passou já está escrito, mas o futuro não. Portanto, qualquer modificação pode ser realizada, desde que haja motivação suficiente.

Conclusão: sempre é tempo para melhorar, pois nada está condenado a ser sempre igual.

Entre o poder e a submissão

A liberdade relacional é mais complexa que a individual. Requer muito mais saúde emocional. Implica ter consciência dos próprios desejos e ter a capacidade de satisfazê-los, sem prejudicar a liberdade alheia. Sacrificar-se pelo outro e deixá-lo viver à sua custa não é liberdade. Há pais que se sacrificam pelos filhos, e é comum que afirmem: "Eu só estou bem se meus filhos estiverem bem". Alguns pais partem diretamente do sacrifício para a acusação: "Eu trabalho por sua causa". O adolescente defende-se: "Não pedi para nascer, vocês têm obrigação de cuidar de mim". Embora proferidas por personagens diferentes, todas essas falas expressam falta de liberdade.

Vejamos o que acontece com a criança pequena. Ela entra no relacionamento praticamente receptiva a tudo o que a mãe fizer. A criança não pode fazer nada além de seu limite biológico, mas pode deixar de fazer o que já consegue através de um limite estabelecido pelos pais. A mãe (ou sua substituta) é a todo-poderosa de quem o bebê depende totalmente. Mas trata-se de um poder relativo. Por ser adulta e responsável pela criança, ela tem de se submeter ao ritmo biológico dela: mamadas, sono, higiene. Nessa relação que estabelece com o bebê, a mãe é ao mesmo tempo poderosa e prisioneira.

A maioria das mães tem essa consciência. Se não a tiver, adquire-a num instante.

Quanto mais a mãe conseguir encontrar satisfação nesses dois aspectos antagônicos (poder e submissão), mais saciada a criança estará. E essa saciedade será a pedra fundamental sobre a qual se somarão outras experiências de satisfação e de insatisfação.

> A saciedade dos instintos é a base fundamental para a construção da auto-estima.

Em um primeiro momento, a mãe precisa entrar nesse grande sacrifício: acordar de madrugada para amamentar, prestar atenção aos mínimos movimentos do bebê, interromper o namoro com o marido ou a refeição para atender o filho. Depois, ela precisará submeter-se a um esforço ainda maior para abrir mão desse sacrifício, porque ele representa, ao mesmo tempo, um poder muito grande sobre o filho.

> O sacrifício de um ser humano não pode estar baseado no comportamento folgado de outro. A folga de um não pode sufocar o outro.

Os pais precisam ficar atentos para perceber as iniciativas que seus filhos tomam para satisfazer seus desejos e ter a perspicácia de identificar as capacidades da criança. Devem lembrar-se a toda hora de que seu filho vai crescer e de que o gesto de amor mais profundo não é somente abraçar, pegar no colo, mas também estarem presentes em todas as pequenas conquistas – assim, a criança adquire a confiança de fazer. E, uma vez que tenha aprendido a realizar algo, adquire a liberdade de fazê-lo ou não. Se não souber fazer, a criança será prisioneira da sua própria ignorância.

DISCIPLINA: LIMITE NA MEDIDA CERTA

A criança quer companhia

No seu cotidiano massificante, a mãe passa o dia todo em meio a um turbilhão de afazeres – nem dá tempo de parar para pensar. Vamos supor que ela esteja brincando com a filha quando percebe que se aproxima a hora do jantar. Então diz: "Filha, você continua brincando que eu vou dar um jeito na cozinha". É uma reação natural de toda mãe. O que a criança vai fazer na cozinha?

Diz a sabedoria popular que adulto trabalha e criança brinca. Só que a filha pode interpretar essa súbita interrupção de um modo diferente do que a mãe desejava. Ela pode sentir-se, de repente, triste e abandonada – como se não tivesse registrado a convivência anterior, só o abandono. A criança quer companhia, e é natural que ela reaja quando a mãe se afasta. A maneira de a criança lutar para manter a companhia pode ser interpretada erradamente como algo muito ruim como birra, pirraça etc. A criança não é má. O que ela não tem é maturidade suficiente, portanto, outros recursos, para enfrentar esta posição.

Como resolver isso? Tenho uma dica: em vez de deixar a criança sozinha, peça para ela acompanhá-la. "Filha, já brincamos bastante. Agora você vai ajudar a mamãe. Enquanto dou um jeito na cozinha, você arruma isso para mim?" Dê a ela uma tarefa que tenha capacidade de realizar.

Assim, mãe e filha continuam juntas, e a criança tem a oportunidade de participar de uma das atividades da mãe e de aprender a largar algo de que estava gostando – brincar com a mãe – para iniciar outra tarefa que não vai lhe custar nenhum sacrifício. Ela continuará se divertindo, desde que não lhe seja cobrado, é claro, o desempenho de um adulto ao realizar o mesmo trabalho.

A mudança de uma função para outra confere à criança uma plasticidade psicológica que vai caracterizar, na essência, a liberdade. Tanto para a mãe quanto para a filha fazerem juntas uma tarefa pode ser lúdico, gostoso e prazeroso.

Um filho que ajuda os pais em alguma atividade estreita o relacionamento entre eles, ativa sua responsabilidade para com os outros, alimenta sua auto-estima e, conseqüentemente, melhora a qualidade de vida de todos. A ajuda passa a ser prazerosa, não um sacrifício. O que não vale é mandar arrumar a mesa ou realizar uma tarefa qualquer em outro ambiente, porque o que a criança deseja é companhia. O objetivo dessa atitude é fazer com que ela fique com a sensação de que ajudou de verdade.

A disputa pela atenção

Quando o pai chega em casa, o que ele mais quer é recuperar-se. Seu corpo está arrebentado e seu cérebro "em coma". O seu jornal, televisão, internet funcionam como a fogueira no terreiro do jurássico caçador. Está dando uma ocupação para os olhos enquanto tudo se recupera em paz. E o que o filho mais deseja é brincar com o pai. Resumindo: o pai quer paz, e o filho quer o pai...

O filho, em busca de companhia, faz de tudo para chamar a atenção do pai. Aliás, as crianças estabele-

DISCIPLINA: LIMITE NA MEDIDA CERTA

cem com os adultos uma relação em forma de túnel: elas ficam de um lado, o adulto de outro. Se o pai der atenção para outra pessoa ou mesmo para o jornal, o filho sente-se excluído. É como se o pai se instalasse numa das pontas do túnel e colocasse a televisão ou o computador no meio, e o filho ficasse na outra ponta. A relação com o filho foi bloqueada.

> Os pais precisam encontrar um jeito, seja como for, de dar atenção para o filho no momento em que ele pedir. Não adianta enchê-lo de atenções quando ele não a quer mais.

Se o pai fizer valer sua vontade com base na lei do mais forte (reprender, agredir, reprimir), o filho sentirá que ele não é seu companheiro. Daí começam a surgir brechas que podem caminhar para o rompimento do relacionamento. O importante para o filho é a convivência e o companheirismo do pai. Se, por exemplo, o pai pegá-lo no colo enquanto lhe mostra um brinquedo, o que acontece? O pai se coloca ao lado do filho para observar o brinquedo que está na outra ponta do túnel. Da mesma forma, se o pai puser o filho ao seu lado, os dois terão diante de si a televisão e poderão assistir ao programa juntos.

Contudo, para que o filho olhe para a TV ou qualquer outro ponto que o pai queira lhe mostrar, é preciso que o pai tenha olhado antes para o brinquedo dele.

A LIBERDADE E OS NOVOS TEMPOS

Ciúme do irmão

> Um dos problemas mais sérios no relacionamento entre irmãos é que o primeiro perde o reino quando nasce o segundo, pois a casa passa a funcionar no ritmo da criança menor.

Para evitar ciúme, é importante que os pais preparem o mais velho para receber o irmão mais novo. Uma dica muito boa é dizer-lhe que o mais novo mandou presentes e pedir também às visitas mais íntimas que tragam presentes e dêem especial atenção ao mais velho, pedindo a ele que lhes mostre onde está o bebê.

É interessante que o pai perceba o problema do mais velho e se esforce para compensar a perda da exclusividade familiar. O filho mais velho pode agarrar-se ao pai como uma forma de excluir o irmão menor da presença desse pai.

Como superar todas essas dificuldades? Há um jeito: o pai pode pegar o mais velho e, como se fossem dois companheiros, ir juntos visitar o mais novo. Em vez de estar situado numa ponta do túnel, com os dois filhos na outra, o pai coloca-se ao lado do filho mais velho, deixando o mais novo no extremo oposto. Desse modo, preserva seu relacionamento com o mais velho e apresenta o mais novo como um alvo interessante para ambos, não como um adversário.

> Uma criança satisfeita dá liberdade para os pais. Estando insatisfeita, exige atenção o tempo inteiro, tiranizando-os.

Há uma diferença muito grande entre o comportamento da mãe e o do pai no que se refere ao companheirismo em relação ao filho: normalmente, a mãe lida com a criança enquanto o pai limita-se a observá-la. Quando a criança se sente atendida também pelo pai, passa a reivindicar cada vez menos sua companhia, pois dentro de si tem a certeza de que é importante para ele. Tão importante que não faz mal se ele der um pouco de sua atenção para o computador ou para o telejornal. Quando o filho exige exclusividade, é porque está se sentindo pouco importante. Para ele, a preferência do pai pela televisão, pela tela do computador ou pelo irmão mais novo significa rejeição.

Qualquer grande modificação na vida do filho mais velho como largar a chupeta, ir para a escolinha, mudar do berço para a cama, ou até mesmo mudar de quarto, seria muito menos complicada se ela se distanciasse do tempo do nascimento de um outro filho. É importante que o mais velho não associe tal mudança à chegada do mais novo.

E se não houver outro jeito, tudo ficaria muito mais fácil se os pais explicassem o quanto essa mudança é importante, e que ele a merece, pois "está crescendo bem".

A falta do estabelecimento desses limites de idade pode complicar o bom andamento da casa, pois o filho mais velho pode quebrar todos os desejos dos pais quanto à união dos seus filhos: quer exclusividade, não quer perder o que tinha para um recém-chegado, mesmo que seja seu irmão.

Mãe trabalhando fora

Nas últimas quatro décadas, a tradicional divisão de papéis entre homens e mulheres sofreu grandes alterações. Atualmente, ambos já não recebem mais uma educação formal tão diferenciada. As moças pleiteiam as mesmas faculdades e ocupam espaços cada vez maiores e mais importantes no mercado de trabalho. Com isso, a clássica divisão de tarefas entre pai/provedor e mãe/rainha do lar foi modificada. Agora, a mãe é sócia do pai na tarefa de arcar com as despesas da família. Mas nem por isso ela abriu mão de ser dona-de-casa e mãe.

Entretanto, o desempenho do papel de mãe sofreu um duro golpe na sensação de ter que estar sempre junto dos seus filhos, pois ela tem que ficar muito tempo fora de casa por causa do trabalho. Ao voltar do trabalho, sente-se culpada pela bagunça na casa, pelas lições e tarefas que os filhos não fizeram, pelo jantar que ainda não foi servido etc. A culpa nasce porque ela não cumpriu o que sempre aprendeu que era seu papel. "Ser boa mãe é nunca abandonar os filhos."

Mal se dá conta de que saiu por motivos mais que justificados: trabalhar, ganhar dinheiro para a família e realizar-se como profissional! Portanto, nada mais justo que, ao chegar em casa, também descanse como o marido. Mas para isso, é importante que consiga abdicar do grande poder de "rainha do lar" e saiba dividi-lo com o marido e as crianças, que também têm de ajudar nas tarefas domésticas. Nada impede que o homem vá para a cozinha. E é ótimo que as crianças arrumem a casa, pois tornam-se independentes da mãe e reconhecem o valor do trabalho que antes a mãe fazia sozinha. A mãe que se culpa desta maneira transforma seus filhos em credores. É como se ela ficasse devendo a seus filhos o tempo que ela ficou fora. Essa mãe perde a coragem de cobrar o que deve ser cobrado e poupa os filhos do que eles deveriam fazer. E este é o melhor modo de perder autoridade sobre os filhos.

De nada lhe adianta ter poder se não tiver autoridade. Isto é, se suas ordens não forem atendidas, a casa ficará uma bagunça e as lições de casa não estarão feitas quando ela chegar. Os indisciplinados não são somente os filhos, a mãe também é.

Quando tem autoridade, a mãe não precisa exceder-se em solicitudes para os filhos. Ela encontrará a merecida paz sem se aborrecer nem ficar rabugenta cada vez que volta para casa.

A posição do pai

O pai também é responsável quando o filho se torna um folgado porque nenhuma dinâmica se perpetua se não houver convivência, mesmo que por meio do silêncio. Diante de situações em que o filho é um folgado e a mãe uma sufocada, o silêncio do pai funciona como aprovação do comportamento do filho.

Há pais que usam os filhos para oprimir a mãe, prendê-la em casa, eximir-se das próprias responsabilidades fazendo-lhe cobranças indevidas do tipo: "Você vive saindo e não olha por eles".

> No relacionamento mãe sufocada/filhos folgados, o pai deve interferir para ajudar mãe e filho a redimensionarem a situação.

A LIBERDADE E OS NOVOS TEMPOS

Por mais folgas que o filho possa ter, ele também está sendo prejudicado. Embora prefira manter-se na posição cômoda a que chegou, o pai tem responsabilidades a assumir. Precisa arregaçar as mangas e agir. Se o filho vir o pai ajudando a mãe, aprenderá um modelo de relacionamento em que as pessoas cooperam umas com as outras.

Os meus, os seus, os nossos filhos

Ninguém quer viver só. Mas também ninguém agüenta viver insatisfeito. Se nas gerações anteriores a consciência do dever era mais forte que a necessidade de sentir-se bem, hoje em dia há maior equilíbrio entre o dever e o prazer. Hoje, insatisfações das mais variadas origens justificam separações conjugais.

Há dez anos ou mais, quando um casal se separava, os bens eram também divididos: os bens afetivos, filhos, ficavam com a mãe, e os materiais, dinheiro, com o pai. O pai tinha direito a ficar com as crianças "duas noites por semana e um final de semana a cada quinze dias". O juiz era acionado pela mãe a cada vez que o pai negligenciava o pagamento da pensão alimentícia.

Atualmente os pais masculinos estão reivindicando ficar também com os filhos pela guarda compartilhada, e as mães estão recasando mais que antes. Já atendi a mães que se casam pela terceira vez, e outras que casam duas vezes com o mesmo homem. Os filhos dos vários relacionamentos acabam ficando com a mãe. Assim, em cada relacionamento novo surge uma nova constituição familiar, juntando mulher e homem, cada um com os seus filhos dos casamentos anteriores.

Surgem dinâmicas particulares, exemplificadas nas frases: "Na educação dos meus filhos, você (marido ou mulher) não dê palpites". Ou: "Você não é meu pai (ou mãe) para mandar em mim!"

Estas questões surgem quando há contrariedades e atritos, ciúmes e preferências. Mas para se conseguirem vantagens, invertem-se situações com outras colocações: "Só porque não sou seu filho(a)..." Ou : "Faz um favor pro tio(a), faz?"

É uma constituição familiar diferenciada da consangüínea, pois existem duas gerações: adultos, pai ou mãe com seus novos parceiros e crianças, filhos, meio-filhos, filhos postiços.

Valem muito o afeto, o respeito às diferenças, a solidariedade aos sofrimentos e o compartilhar a vida conjunta neste agrupamento. O funcionamento melhor para ele seria o de uma equipe e não o de provedores e dependentes. Não há superiores nem inferiores, apenas mais especializados em certas áreas. Dessa maneira, o que sabe mais é aquele que está apenas mais desenvolvido em certa área técnica ou cultural.

Os adultos podem aprender informática com seus jovens, que sentir-se-ão com sua auto-estima elevada. Com o que aprenderem eles poderão fazer um *upgrade* no seu trabalho e nas suas vidas.

Quanto mais os adultos se aproximarem dos jovens, mais a recíproca é verdadeira. A maioria dos adultos ainda se julga poderosa, portanto os jovens é que têm que chegar a eles. O que funciona com os jovens não é mais o poder como era com as crianças, mas sim a autoridade. Por incrível que pareça, os adultos ganham autoridade e respeito chegando-se a eles.

[O que amadurece os jovens é assumir as responsabilidades e as conseqüências.]

Responsabilidade se ensina e depois de aprendida tem que ser exigida. É no fazer que reside a responsabilidade, inerente à disciplina. Ao se libertar do pesado fardo de serem os únicos provedores do lar, os pais masculinos também estão mudando seu comportamento perante os filhos. Deixar de ser o chefe em uma família para ser o marido em outra altera seu posicionamento. Ele não é mais tão autoritário. Respeita as próprias necessidades e passa a respeitar mais as dos filhos. Passa a lidar com eles em vez de só cobrar. Nesses casos, quem sai ganhando são os filhos. Os novos pais participam mais de suas vidas. São muito companheiros. E essa convivência é fundamental para a disciplina.

O que mais mudou?

Os costumes dos nossos filhos não dependem só do que eles aprendem dentro de casa. A educação familiar escapou ao controle porque, desde pequena, a criança já recebe influências da escola, dos amigos, da televisão e da internet. Desse modo, entra em contato com modelos diferentes de funcionamento muito mais cedo.

As etapas do desenvolvimento biológico permanecem as mesmas. Nas últimas décadas, porém, a pu-

DISCIPLINA: LIMITE NA MEDIDA CERTA

berdade tem antecipado seu início em seis meses a cada dez anos. Agora chegam mais informações em menor tempo, provocando enormes diferenças comportamentais até em irmãos com diferença de apenas cinco anos entre si. Não raro, o irmão menor pergunta ao que tem cinco anos ou mais: "Já existia isso no seu tempo?" Ou afirma: "Xi... essa música é do seu tempo!"

Há décadas, o pai podia até ser viajante e ficar longos períodos fora de casa. Mas a mãe o representava e apelava para a figura dele na hora de resolver os problemas, ameaçando: "Você vai ver quando seu pai chegar".

A emancipação da mulher fez com que ela começasse a ausentar-se de casa. Mas pai e mãe não trocaram de lugar. Não é porque a mãe passou a sair que o pai resolveu permanecer no lar. Nos arranjos atuais, a criança de famílias que dispõem de recursos econômicos suficientes é confiada a três tipos de situação que se complementam: atividades "educativas" (berçários e pré-escolas, semi-internatos, judô, natação, balé ou clube); terceiros (avós, empregadas que, em geral, possuem uma formação diferente da dos pais e que nem sempre têm preparo ou empenho para cuidar de crianças); e babás eletrônicas (televisão e diversas outras parafernálias que prendem a criança em casa).

Portanto, não é porque a mãe trabalha fora que a criança ficará abandonada. A mãe tentou substituir sua presença com atividades e/ou pessoas. Seja como for, essas atividades e pessoas acabam fazendo parte da vida infantil muito cedo. E é comum os pais não terem conhecimento do que o filho fez ou deixou de fazer, com quem andou etc.

A LIBERDADE E OS NOVOS TEMPOS

É importante que os pais instruam quem fica com os filhos, passando-lhes os procedimentos educativos estudados por eles. Mesmo que a empregada precise guardar os brinquedos para trazer a casa em ordem, ela não deveria fazê-lo se os pais estão impondo a fase educativa de que "é a criança que os tem que guardar". Os pais têm que tomar uma atitude depois, se ela não cumprir os seus deveres.

A criança bagunceira é aquela de quem não foi exigida a responsabilidade de cuidar dos próprios pertences.

Portanto, os filhos sentem-se amados pelo interesse que os pais demonstram, mesmo não estando com eles o dia inteiro. E seguros quando os pais tomam atitudes repreensivas ou aprovativas, porque nelas encontram referências. Tal acompanhamento previne que, na adolescência, ocorram situações desagradáveis ou até graves, que só são descobertas quando se complicam. Hoje em dia, os pais descobrem que seus filhos estão fumando maconha depois de um ou dois anos de uso.

Ausência dos pais

> Ausência física não se compensa com presentes nem com permissividade.

As faltas dos pais sofridas pelos filhos não podem ser negadas, mas nem por isso a educação deve ser posta de lado.

O que tem atrapalhado bastante a educação dos filhos é a tentativa de os pais compensarem suas ausências através de *hipersolicitude* para atender os desejos mais inadequados, colocando os filhos como cobradores dos seus sentimentos de culpa.

Esse sentimento que ataca fortemente as mães não afetava muito os pais. Era comum o que acontecia com muitas famílias, cujo pai migrava em busca de trabalho. Não raro, esse pai se transformava em ex-pai. Praticamente não existe ex-mãe.

Tais compensações distorcem a educação, pois os pais, no afã de agradar os filhos, comportam-se inadequadamente, aceitando dos filhos o que não aceitariam de ninguém. Assim, os pais perdem a autoridade educativa sobre os filhos, gerando indisciplina em casa, prejudicando suas formações.

Os filhos, sem métodos nem regras a seguir, regidos pelo saciar dos seus desejos, tornam-se tão indisciplinados quantas forem as suas vontades. O que os filhos estão fazendo em casa, não poderão fazer na sociedade. Portanto, *eles não estão sendo educados para serem cidadãos*.

> Os filhos deveriam, desde já, praticar em casa o que terão que fazer na sociedade. Esta é a verdadeira educação, tendo como uma das suas bases a disciplina.

Pais trabalhando em casa

O futuro acena com outras possibilidades familiares. Estamos chegando a uma era em que os seres humanos não precisarão mais sair tanto de casa. A infor-

A LIBERDADE E OS NOVOS TEMPOS

mática criou uma nova categoria de trabalhadores: os *homeworkers*, que trabalham em casa diante de um computador e se comunicam com as empresas por e-mail.

Não há mais necessidade de ir ao supermercado para fazer compras, nem ao banco para cuidar das finanças. Tudo isso pode ser resolvido facilmente por fax, telefone e internet. Desse modo, a tendência é aumentar o número de horas de permanência dos pais dentro de casa. Se a qualidade da convivência for educativamente boa, provavelmente teremos uma geração mais saudável.

> Os pais precisam estar atentos à questão da convivência familiar. Devem observar que os filhos não exigem ação dos pais o tempo todo. Mas exigem, a cada tempo, um pouco. Por isso, vale a pena atender no momento em que o filho solicita.

Pit stop dos filhos com os pais

Crianças gostam de se abastecer para continuar correndo. Param apenas para fazer pedidos e mostrar o que estão fazendo. Quanto mais seguros de si forem e melhor auto-estima tiverem, menos *pit stops* farão.

Os *pit stops* juvenis são mais focalizados em pedidos, permissões, necessidades de dinheiro, comunicados, informações etc. Raramente param para os temas de que tanto gostam como drogas, sexo, estudos, preocupações com o futuro... As pistas são muito atraentes e os perigos acabam sendo desafios...

Disciplina: Limite na medida certa

Seja qual for a idade, os pais não devem perder de vista a educação. Os pais poderiam também praticar o exercício da autoridade e parar de usar o poder como usavam com as crianças. Não se espera do jovem a simples obediência ao poder, mas atitudes integradas que sejam progressivas, revelando aceitação da autoridade educativa.

Obviamente, o pai não interromperá uma transação importante cada vez que o filho pedir algo. Porém, terminada essa operação, nada custa ir até a criança e perguntar o que ela deseja. É assim que se ensina o filho a esperar. Pode ser que o filho já tenha resolvido seu pequeno problema ou até esquecido o que queria e agora não quer mais nada.

> Vendo o olhar atencioso do pai, a criança tem a certeza de que, se precisar, será atendida. Essa é a base da segurança.

Se você, pai ou mãe, pode interromper seu trabalho em casa para atender a um telefonema que não escolhe hora, também terá disponibilidade para fazer pequenas pausas e, assim, dar a atenção necessária a seu filho. O atendimento diário da criança custa muito pouco. O não atendimento acumulado causa uma falência na estrutura da personalidade que, futuramente, pode custar muito caro.

Há, no entanto, filhos que interrompem os pais a cada cinco minutos com os pretextos mais variados, chegando ao ponto de atrapalhar o trabalho. Nesse caso, o perigo de que a criança se torne folga-

A LIBERDADE E OS NOVOS TEMPOS

da é imediatamente afastado se os pais estabelecerem algumas regras.

Uma solução possível é combinar um horário para as pausas: a cada hora, por exemplo. Se a criança for pequena, arranje um relógio de ponteiros e ensine que você não pode ser interrompido até o ponteiro chegar a determinado número, quando então fará um intervalo só para ela.

A mochila é do filho!

Repare em algumas mães que chegam à escola com seus filhos. Observe se carregam todo o material escolar das crianças enquanto elas brigam entre si ou correm pelas ruas, leves e soltas. Não parece estranho ver três filhos em total liberdade enquanto todo o peso é carregado pela mãe?

Esse quadro, muito comum, revela uma mãe sufocada e filhos folgados. E isso é apenas o que você pode ver. Imagine como deve ser a vida dessa mulher em casa: as três crianças brigando sem parar e ela tentando estabelecer a paz, ao mesmo tempo em que cuida dos afazeres domésticos.

Não foi de um dia para outro que a situação chegou a esse estágio. Primeiro, a mãe carregou a mochila do pequeno. Já que fez para um, teve de fazer para o outro. E se fez para dois, por que não fazer o mesmo para três? Afinal, ela se acha uma mãe tão dedicada!

> As mães que carregam as mochilas dos filhos estão lhes ensinando que cabe a eles curtir a vida enquanto a elas cabe a responsabilidade de tudo.

DISCIPLINA: LIMITE NA MEDIDA CERTA

A atitude correta seria cada filho carregar o que lhe fosse possível e a mãe ajudasse naquilo de que o filho precisar. E ela teria mais tempo de conviver com os filhos, caso não se escravizasse em benefício deles.

E o pai, que vê a mãe carregando tudo? Por que deixa isso acontecer? Quando é ele quem leva os filhos à escola nem se dá ao trabalho de descer do carro. E, se descuidar um pouco, é capaz de nem conversar com eles durante o trajeto, pois precisa ouvir as notícias pelo rádio. Esse pai deve abrir os olhos. E também os ouvidos para o que os filhos falam. Mais ainda: abrir os braços para ajudá-los no que precisarem.

CAPÍTULO 3
O quarto dos filhos

Quando os patriarcas queriam castigar seus filhos, mandavam-nos para o quarto. Uma espécie de confinamento que os impedia de sair de casa, ir para as ruas, encontrar os amigos, "aprontar"... Naquela época, os quartos não tinham banheiro e neles dormiam vários irmãos. Portanto, não havia graça nenhuma em ficar lá acordado. Não alimentava o sistema de recompensa. Era um castigo.

Hoje os quartos, além de terem banheiro, abrigam no máximo dois irmãos e freqüentemente têm computador com internet, televisão, som, telefone fixo, telefone celular... Tudo para alimentar o sistema de recompensa pelas dopaminas do prazer.

São os filhos que procuram isolar-se dos pais trancando-se nos seus quartos. Lá, sozinhos, no seu território, eles encontram-se com seus amigos nas esquinas virtuais, e no lugar do futebol de rua,

DISCIPLINA: LIMITE NA MEDIDA CERTA

os jogos da internet, em vez de padarias são pontos de encontros onde estranhos tornam-se amigos virtuais íntimos...

Pode se tornar mais perigoso o virtual que o real, pois a tela aceita tudo que o teclado comanda. Os tímidos podem tornar-se celebridades, enquanto os sapos se fazerem de príncipes, e os fraquinhos se vestirem de super-heróis. Coexistem os bons e os maus, cuja distinção cabe aos que o acessam.

Enquanto os filhos forem pequenos é importante saber por onde eles têm andado. Alguns pais são surpreendidos quando os filhos já se encontram envolvidos em redes complicadas ou, não raro, eles se envolvem a tal ponto que até seus estudos ficam prejudicados.

A guerra para arrumar o quarto

Aos dezoito anos, Josias passa a maior parte do dia em seu quarto. Sua mãe, obsessiva-compulsiva por ordem e limpeza, vive arrumando a casa. Naquele quarto, ela não pode entrar, o rapaz não deixa. Mas na ausência dele, entra – mesmo sem permissão – e põe tudo em ordem.

Se o filho sentou na cama e fez uma ruga na colcha, por exemplo, a mãe corre para esticar. Na sala, ele não pode sentar, porque o sofá, as cadeiras e as poltronas estão todos cobertos por plásticos. Josias não se sente à vontade em nenhum canto da casa. Certa vez, ao voltar de uma viagem ao exterior, o rapaz teve de ir para a casa de campo da família, pois sua

108

O QUARTO DOS FILHOS

mãe estava fazendo faxina na casa. Para a mãe de Josias, a limpeza é mais importante que o filho.

Já que não podia fazer nada em casa, Josias tornou-se o maior bagunceiro fora dela. Migrações escolares viraram rotina em sua vida: ele sempre era expulso por bagunça. Se bem que hoje não se usa mais a palavra expulsão. Delicadamente, diz-se que ele foi "convidado a retirar-se" da escola. Josias conseguiu "organizar-se" graças à bagunça fora de casa, onde extravasa suas energias.

O quarto é fundamental para o adolescente

O adolescente precisa ter seu próprio espaço – um quarto ou, pelo menos, um canto qualquer da casa. Isso não é novidade. É o primeiro exercício de vida ter seu próprio território, mesmo que o quarto não lhe pertença.

Há muitos anos, atendi a um adolescente trazido pela mãe. Ela achava que o filho tinha enlouquecido. Motivo: o rapaz havia criado um pastor alemão dentro do seu quarto e o treinava para morder qualquer um que entrasse ali, exceto a empregada. Moravam no apartamento a mãe, a avó paterna, a empregada e ele, o único homem da casa. O pai havia se separado da mãe e vivia no exterior, mas arcava com todas as despesas da família. Sua única exigência era que o garoto fosse bem tratado. A avó e a mãe disputavam esses cuidados. Se a mãe fazia algo, a avó desmanchava para fazer do jeito dela. Ambas queriam arrumar o quarto dele.

O adolescente teve um pouco de paz quando passou a trancar a porta do quarto e a levar a chave consigo. Até que, um belo dia, ao repetir o gesto costumeiro de tirar a chave do bolso para abrir a porta do quarto, teve uma surpresa: estava tudo arrumado com a cara de sua mãe. A mãe havia conseguido uma cópia da chave. Seu esquema de segurança tinha sido burlado, e sua privacidade, invadida. Tudo para fazer arrumação. Como a chave já não funcionava mais, ele resolveu criar um cão de guarda. Era um gesto extremo em defesa de sua privacidade. Porém, como o poder estava com a mãe, ela interpretou a atitude do filho como indício de loucura.

Entre a caverna e o templo

O quarto do adolescente (ou seu canto) é sua caverna e seu templo. Mais que uma identidade definitiva, o quarto reflete seu estado de espírito, as crises de um cérebro em transformação. O adolescente transfere para aquele ambiente, que considera seu, o que se passa no próprio interior.

É uma caverna porque ele se esconde naquele lugar com tendência à escuridão e à bagunça, com restos de pizzas, sanduíches e latas de refrigerante misturados a livros e revistas. É também um templo porque lá pratica sua religião: recebe os amigos, ouve música. Um espaço nobre é reservado ao seu instrumento ou objeto predileto: a bateria, a guitarra, o aparelho de som, a televisão, o computador...

> A caverna é onde ele libera seus instintos mais primitivos; o templo é um ambiente mais elaborado, mais sofisticado, onde ele sonha - é como se, na caverna, largasse o corpo e, no templo, cuidasse de sua vida.

O QUARTO DOS FILHOS

Quando o adolescente se sente mal, o lado caverna fala mais alto. Se ele está deprimido, sentindo-se rejeitado, sozinho no mundo, e tendo a sensação de que suas atividades não rendem, a caverna vira uma bagunça e pode até invadir o espaço do templo para desorganizá-lo também. Reina, assim, a escuridão.

Ao sentir-se bem, ele se solta e caminha em direção à luz. A tendência é arrumar o quarto partindo do templo para a caverna, porque privilegia o primeiro: é mais fácil manter o templo em ordem do que a caverna. Esta é mais susceptível aos seus estados emocionais menos agradáveis, às suas oscilações de humor.

O adolescente nem sempre estica os lençóis, mas sempre afofa o travesseiro. Só quando se sente muito bem é que a caverna se torna clara, limpa, um lugar particularmente ordenado.

Dois modos distintos de organizar

Os adolescentes ficam geralmente furiosos quando suas mães arrumam seu quarto. A mãe decora tudo esteticamente, pensando na forma, no equilíbrio, na aparência e na imagem. Em geral, um quarto arrumado de acordo com a estética materna não é a caverna do filho, onde cada objeto, foto ou livro tem uma história e um local próprios, obedecendo a critérios e valores que não coincidem com os dessa estética.

O adolescente arruma suas coisas de um jeito prático, isto é, atento aos resultados, de modo a facilitar a realização dos seus desejos. Muitas vezes, a aparente bagunça sobre a mesa é, na verdade, uma organização por temas de acordo com seus interesses imediatos: o que ele está estudando no momento fica por cima, o que já foi fica embaixo, independentemente do tamanho ou da quantidade de folhas. Muitas vezes, no meio de um livro, há um caderno e uma caneta prontos para quando ele precisar. Pode até deixar o livro grande que está usando sobre o pequeno que já usou, criando uma perigosa pirâmide invertida!

Infalivelmente, a mãe coloca o livro pequeno em cima, o grande embaixo e o filho reclama: "Desarrumaram meu quarto!" E depois disso, ele não encontra mais nada. Ambos precisam entender que os princípios de arrumação de cada um são particulares.

Diferenças entre meninos e meninas

Tem-se a impressão de que quarto de menina nunca é uma caverna. Mas, na verdade, também é um quarto desarrumado. Por causa dos modelos femininos existentes, a menina é um pouco mais cuidadosa com a arrumação (ainda que aparente) do seu quarto. Entre as garotas, são muito comuns os ícones do templo: as bonecas, que têm significados históricos, as fotografias das pessoas queridas em trânsito naquele momento ou já no passado e, no sacrário do templo, seu diário. Mesmo que não possua um quarto só para si, terá uma gaveta com seus segredinhos, na qual ninguém pode mexer.

Existem bagunças fisiológicas no quarto das garotas quando estão se preparando e se vestindo para ir a algum lugar importante. Experimentam quase todas as roupas, as das irmãs, da mãe e até... dos irmãos! As roupas que não servem ficam onde caírem: em cima da cama, sobre a cadeira, no chão... Até parece que um furacão passou por ali. É importante, no entanto, que, depois do vendaval, ou quando voltarem para casa, as próprias garotas guardem tudo. Nada impede que as meninas tenham cavernas, como os meninos. O que importa, no entanto, é entender que, num caso ou noutro, o quarto é uma extensão do corpo e da alma do adolescente.

Como a adolescência é um segundo parto, em que o ser humano se desprende do núcleo familiar para procurar seus próprios caminhos, é natural o quarto também se transformar.

> Assim como o comportamento juvenil às vezes destoa muito das atitudes paternas, o quarto também pode destoar bastante da casa.

Em pouco tempo, esse quarto pode trocar várias vezes de feição. Não é o que acontece com a casa. O jovem passa por várias mudanças comportamentais, ao passo que os pais permanecem quase sempre estáveis.

Portas trancadas

Nesta fase, acontece outra modificação importante: os pais, que estavam bastante acostumados a entrar no quarto dos filhos quando estes eram crianças, um dia encontram a porta fechada a chave.

Entretanto, quando pequeno, o filho chamava os pais para lhe contar histórias. E era sempre a mesma. Não podiam pular nenhuma linha. Toda a diferença era assinalada, e a criança dizia para repetir tudo exatamente igual, como num ritual de amor. Os pais tomavam o cuidado de deixar o quarto das crianças na penumbra. E, com a porta do seu quarto aberta, ficavam atentos aos mínimos ruídos, à respiração da criança, à tosse, a um eventual engasgo do bebê.

Imagine a cena: os móveis comprados pelos pais, todos lembrando a infância, quadros de patinhos e ursinhos espalhados pela parede, um anjo da guarda no alto da cabeceira e a criança deitada no seu sono de paz. É. Todos os filhos são encantadores e maravilhosos quando estão dormindo...

Eis que, de repente, os pais querem entrar no quarto e descobrem que a porta está trancada. Algo aconteceu! Os quadros de ursinhos deram lugar aos pôsteres de ídolos da música, do cinema, dos esportes. O cabideiro está mais cheio que o guarda-roupa. Os pais são recebidos às vezes na porta, pelo filho em pé, como se este dissesse: "O que vocês querem?" A sensação é de que são intrusos no quarto, estranhos àquele ninho. Chega então o dia em que os pais fecham a porta do próprio quarto, não porque querem namorar, mas porque não conseguem dormir com o barulho das guitarras alucinadas que vem do quarto do filho.

Repare no contraste: antes prestavam atenção até na mínima respiração. Hoje são obrigados a engolir o som alto.

Antes "som" do que "mãe" acompanhado, no lugar do conhecido "antes só do que mal acompanhado".

O QUARTO DOS FILHOS

> Desde que surgiu a internet, e o computador passou a "residir" no quarto dos filhos, as portas fechadas incorporaram novos significados. O jovem tranca-se no quarto não só para se isolar dos pais e ouvir no mais alto volume suas músicas preferidas, mas muitas vezes para conectar-se com o mundo inteiro.

As indevidas invasões

Ao entrar no quarto, a mãe perturba a caverna. Ela não agüenta ver a bagunça, como se ter filho bagunceiro fosse um demérito dela. Então, ou ela entra e tenta arrumar ou simplesmente passa a não entrar mais.

Ao mexer na forma, na aparência, no equilíbrio estético do quarto, é como se mexesse no "corpo" do filho, corrigindo a postura resultante da depressão. Ninguém gosta de ver um filho deprimido, como também ninguém gosta de ver um quarto bagunçado. Só que as depressões não se curam de fora para dentro.

Quando as mães arrumam um quarto seguindo o estilo da casa, para que se torne um aposento dentro da unidade do lar, quebram a individualidade juvenil. É uma tentativa de laçar o filho com o cordão umbilical, reduzindo o quarto aos costumes da casa e o adolescente à infância, quando estava sob o controle dos pais.

Freqüentemente, esse aperto familiar provoca no filho um parto a fórceps invertido, ou seja, quanto mais a mãe arruma o quarto, mais ele precisa desarrumar para adquirir sua própria identidade. O fórceps invertido é como arrancar a mãe da sua privacidade. Se a mãe tolerasse a bagunça, provavelmente o filho

115

encontraria seus próprios parâmetros, porque ninguém agüenta viver em absoluta falta de referências a vida inteira. Ele procura uma roupa e vai encontrá-la suja; não terá uma meia limpa para vestir; não encontrará os livros nem os cadernos de que precisa em determinado momento. Chega uma hora em que o adolescente acaba se organizando mentalmente por necessidade de sobrevivência.

Há mães que fecham a porta do quarto como se fosse o quarto de despejo. E, para muitos adolescentes, o quarto é isso mesmo, um espaço onde podem depositar suas coisas longe da vigilância materna.

> Uma casa sem um quarto de despejo tem sempre um armário ou, na ausência dele, uma gaveta da bagunça.

E o jovem precisa dessa bagunça. Faz parte da sua formação. O que os pais podem fazer para ajudar é restringir a bagunça a determinado lugar, nem que seja apenas uma gaveta. E aquele lugar deve ser respeitado.

Os pais precisam dar um tempo ao adolescente. Nos momentos em que o filho estiver bem ele vai querer receber os pais no templo, porque sabe que aquele é o ambiente que os adultos desejam.

O campo de guerra da família

Com freqüência, o quarto do adolescente acaba virando palco de terríveis brigas familiares. A bagunça do quarto é uma área espinhosa no relacionamento entre pais e filhos porque, embora reflita a liberdade indivi-

O QUARTO DOS FILHOS

dual do adolescente, pode constituir um desrespeito à liberdade relacional.

Mesmo ocupado pelo filho, o quarto pertence ao todo da casa, por isso, muitas vezes, começa uma briga por território. A mãe, por se sentir a rainha do lar, acha que tudo que diz respeito à casa é responsabilidade dela. Se não organizar todos os aposentos, inclusive o quarto do filho, é como se não tivesse cumprido bem seu dever de cuidar da casa. O filho reage, alegando que o quarto pertence a ele. Como sair desse impasse?

O quarto bagunçado pertence à casa tanto quanto o filho (mesmo com suas roupas estranhas) pertence à família. O adolescente deve ser respeitado até o momento que surja a inadequação. Se o quarto tiver de pertencer à casa de qualquer maneira, os pais negarão ao filho sua adolescência, o seu "segundo parto". Caso a família insista em que o quarto se pareça com os demais cômodos da casa, estará anulando a individualidade de que ele tanto necessita naquele momento. Falta-lhe um lugar para crescer.

> Quanto mais problemático for o segundo parto, mais o quarto destoará do restante da casa.

Filhos saudáveis não vivem esse conflito com tamanha intensidade, pois estão seguros de sua individualidade e não precisam desse reforço material. O quarto deveria ser considerado um imóvel "tombado pelo patrimônio histórico": a aparência externa deve ser mantida, mas o interior pode ser modificado conforme o morador; não é possível derrubar paredes, mexer na pintura externa – mas, internamente, o adolescente pode usar e abusar dele.

> Tudo tem limite. A medida certa de respeito ao templo e à caverna recomenda que as fronteiras caiam por terra quando existe a suspeita de que o filho esteja usando drogas, assunto com o qual não se brinca.

Quanto mais cedo e adequada for a interferência, melhores serão os resultados. Nessas circunstâncias, um filho perde o direito à privacidade do quarto. Respeitar sua privacidade nessa situação é transformar-se em *conivente* com o usuário. É preciso que os pais procurem a droga, nem que para isso seja necessário virar o aposento do avesso. Tem privacidade quem merece nossa confiança. Em meu livro *Anjos caídos*, falo muito sobre a mudança comportamental do usuário de drogas.

Espaço de convivência

Quando dois ou três irmãos dividem o mesmo quarto, às vezes é preferível comprometer a estética da casa e construir uma separação para fazer dois quartos e garantir a cada um seu próprio espaço. Sobretudo se há dificuldades na convivência: um gosta de dormir de luz acesa, o outro não; um tem mania de ficar vendo TV até tarde, o outro gosta de dormir cedo, sem barulho; um precisa estudar, enquanto o outro quer ouvir música.

O QUARTO DOS FILHOS

Atualmente, por causa do progresso tecnológico, o espaço comum da família está diminuindo. Resultado: a convivência também está diminuindo. Cada um se isola no seu quarto com uma parafernália eletrônica. Se por um lado é bom que cada um veja o que quiser no seu computador e na sua televisão, e escute suas músicas preferidas no aparelho de som, por outro lado, tal separação limita muito a convivência familiar.

Se os pais derem prioridade à convivência com os filhos, precisa haver uma área comum, talvez uma sala confortável, em que possa ser feita bagunça. No entanto, atenção: não confunda sala íntima com a formalidade da sala de visitas, que é um lugar que a mãe, com todo o direito, faz questão de manter em ordem.

CAPÍTULO 4
Hora de estudar

Estudar em casa para complementar ou fixar o que o professor passou em classe é fundamental para o aprendizado. Ele pode ser livre, com "ensinantes", ou vigiado.

É estudo formal quando se reserva um local e horário, diário ou semanal, em casa ou no local de trabalho dos pais. É usado para ajudar os filhos desorganizados ou aqueles que estão com notas baixas. É estudo formal livre quando os filhos conseguem estudar sozinhos; é a condição ideal.

O estudo com "ensinante" é quando se precisa de outra pessoa (pais, professores particulares, irmãos, colegas) a lhes ensinar a compreenderem e complementarem o que o professor ensinou. Isso não é natural, pois, em tese, o que se passa na aula deveria ser mais que suficiente para o aluno apreender.

O estudo formal vigiado serve para filhos que, mesmo precisando, não conseguem finalizar suas tarefas (com iniciativa, mas sem "acabativa"); portanto,

120

necessitam da presença física de um controlador, que não precisa ser um "ensinante".

Sendo impossível o estudo formal, existe a possibilidade do informal, que é o aproveitamento de qualquer tempo, com mente livre para estudar, recordar, complementar. É aproveitar o tempo de espera de qualquer atividade dentro do carro, andando ou parado, num intervalo antes da aula etc.

Outro método pouco recomendável, mas que pode ser utilizado em situações emergenciais, é o estudo durante outra atividade, comendo, vendo televisão etc. É um estudo urgente principalmente em véspera de provas. Isso os alunos conhecem bem: estudar durante uma aula para a prova na aula seguinte. Na necessidade de reter a matéria até a prova, usa-se a memória flutuante da "decoreba", que é perecível e descartável.

Estudando sozinho em casa

Estudo é essencial e obrigatório. Portanto, não cabe negociação. Talvez as crianças tenham notas altas, mas isso não diz tudo. Existe a cola, a sorte etc. O melhor método para verificar se o jovem está aprendendo é pedir-lhe que dê uma rápida aula, com suas próprias palavras, sobre o que estudou.

Pouco adianta determinar e controlar o horário de estudo do jovem em casa. Ele que estude quando e como puder. O mais importante é que aprenda e demonstre que aprendeu.

"Decoreba" não é aprendizado. A matéria fica na memória flutuante até ser descartada. Esse aprendizado é perecível, com um tempo de validade curtíssimo. O aluno não repete só no final do ano letivo. A repetência começa a ser percebida na primeira avaliação.

Os pais têm de ajudar o filho a organizar-se, desde o começo das aulas, a dividir o conteúdo das matérias que lhe são mais difíceis para que possa estudar um pouco todos os dias e depois dar aquela "aula" aos pais, ao irmãozinho ou a qualquer outra pessoa. É impossível aprender num dia só, ou na véspera da prova, tudo o que não foi estudado durante um ou dois meses.

Aprender é como comer

O que o professor passa em aula chega aos alunos como informação. O aprendizado é transformar informações em conhecimentos. A informação deve ser digerível e chegar até a pessoa, assim como a comida. O professor é o cozinheiro, que vai preparar a informação de tal maneira que o aluno possa consumi-la durante a aula, que vale como o momento da refeição. Portanto, existe uma correlação entre a cozinheira e o professor, a comida e a informação, o filho e o aluno, a sala de jantar e a sala de aula, a hora da refeição e a da aula, a energia e o conhecimento.

O aluno volta para casa com a informação dentro de si, momento em que começa a segunda etapa do processo: o adolescente terá de digerir essa informação, isto é, terá de selecionar os seus elementos mais importantes, transformando-os em conhecimento, e relacionar este a tudo aquilo que já sabe, a fim de ampliar sua sabedoria.

> A digestão da informação não depende do cozinheiro, da mãe ou do professor. Depende exclusivamente do funcionamento do aluno.

Assim como a digestão de uma feijoada desvia para si o sangue de outras áreas do organismo, a digestão de uma informação densa requer atenção especial. Após comer uma feijoada, ninguém se submete a uma atividade física intensa. Do mesmo modo, para estudar um conteúdo complexo, a pessoa não pode se distrair com outras atividades. Necessita do estudo formal. Se a informação for uma refeição leve, como caldo de galinha servido a convalescentes, a digestão será fácil e rápida. A informação fácil também pode ser incorporada sem muito esforço. Vale muito bem o estudo informal.

O mesmo texto às vezes é fácil para alguns e terrivelmente difícil para outros. Sua assimilação depende das aptidões individuais. Assim como o organismo tem facilidade para digerir certas comidas e dificuldade para digerir outras, a absorção da informação também varia conforme a capacidade de cada um, isto é, conforme a facilidade para compreender determinadas matérias e a dificuldade para assimilar outras. Conhecimento fácil é o que se adapta às aptidões da pessoa.

A importância de construir imagens

O interesse é a motivação imprescindível em todos os casos. É ele que nos impele a absorver tudo. O saber equivale à energia: nós o utilizamos automaticamente no cotidiano, nos nossos relacionamentos, em atitudes e pensamentos. Logo, não adianta obter informações sobre diversos assuntos e não saber como expressá-las. É muito comum, nos exames vestibulares, alunos que sabem *muito* produzirem *pouco* por causa da dificuldade de expressar-se.

> O grande ácido que digere essa comida é a imaginação, nossa capacidade de criar imagens mentais. É como se estivéssemos vendo o que já foi dito. A informação integra-se muito facilmente quando associada à imagem. É a informação sendo transformada em conhecimento.

A não-digestão de um saber impede a sua absorção. A informação é engolida, mas, não se não é assimilada, permanece apenas o tempo necessário para percorrer o trajeto até a via de eliminação. Então é expelida integralmente, da mesma maneira como foi recebida, sem nenhuma alteração em seu conteúdo ou forma. Tornou-se um dado descartável que, após ser usado em uma prova, simplesmente desaparece.

O processo físico de digestão material de um alimento é muito diferente do processo de digestão abstrata da informação. Eventualmente, a integração da informação ao corpo do conhecimento pode ocorrer durante a aula; no entanto, é muito comum o aluno ouvir a matéria e confundir "eu já vi" com "eu já sei" – e passar para o tópico seguinte sem entender direito o anterior. A segunda etapa deverá ser realizada em casa.

Preparando o discípulo

Para estudar, o indivíduo precisa ter um sentido de organização e a liberdade de fazê-lo ou não. Tendo decidido pelo sim, o passo seguinte é conseguir estudar, o que exige envolvimento pragmático e útil: responsabilidade, concentração e compromisso – virtudes que os pais tanto almejam para seus filhos.

No começo, os pais devem monitorar os filhos para que estes criem o costume e assim tenham condições de tomar a responsabilidade como sendo deles. O ponto fundamental em relação à disciplina do estudo é garantir ao filho tempo e espaço, as condições favoráveis para fazer a digestão da informação recebida em sala de aula. Mas ninguém, volto a dizer, poderá digerir a informação por ele.

Esse acompanhamento não deve ser feito apenas na véspera das provas ou à medida que se aproximam os exames finais. Todo os dias, a produção deve ser estimulada, exercitada e cobrada. Diz um ditado indiano: "Quando o discípulo está pronto, o mestre aparece". Ou, em outras palavras: o saber transmitido em sala de aula só é plenamente apreendido se o aluno estiver motivado.

Local

Precisa haver uma mesa em que o aluno possa colocar seu material e principalmente apoiar os dois braços, para estudar sentado. Pode ser a escrivaninha dos pais, do quarto ou a mesa da sala de jantar. Filhos pequenos adoram estudar na escrivaninha do pai. O importante é que seja um ambiente ventilado e bem iluminado, o qual a criança possa ocupar pelo tempo necessário sem ser importunada. Um lugar individualizado talvez não seja a solução ideal. São bons os resultados práticos obtidos por famílias em que todos estudam no mesmo horário, na mesa da sala de jantar, como foi o caso da maioria das famílias de imigrantes no Brasil. Se todos "jantam" juntos, os vícios individuais aparecem e são mais facilmente superados.

Quando estuda sozinho, o filho pode distrair-se, perder tempo demais com uma única matéria, ficar rabiscando ou dar importância em excesso aos desenhos em vez de prestar atenção ao texto principal. Até que desenvolva um método de estudo, os pais devem acompanhá-lo para evitar que adquira esses pequenos vícios. Mas insisto no seguinte ponto: *isso não significa que a mãe deva fazer a lição pelo filho.* Se assim proceder, fatalmente eles (mãe e filho) serão reprovados na quinta série. É só estudando que se aprende a estudar.

É interessante notar que atualmente estão sumindo das casas as bibliotecas e as escrivaninhas, e aumentando o número de televisores. Cada vez mais freqüente, o computador ligado à internet está ocupando um bom lugar na casa. A tendência é que cada pessoa tenha o seu computador particular, assim como já tem o seu próprio celular.

Não é só um problema de redução de espaço, mas também de ordem cultural. As famílias que privilegiam o estudo ainda possuem escrivaninha ou um local próprio para ele. O estudo acaba alterando a função dos ambientes: a mesa de jantar, por exemplo, faz as vezes da escrivaninha.

Atualmente está se tornando freqüente a presença do computador como um recurso auxiliar aos estudos. O computador é somente um aparelho que pode produzir o que estiver programado para fazer. Geralmente ligado a uma impressora, já produz um relatório impresso, um gráfico mais complexo etc. Mas a maior fonte de pesquisa está na conexão com internet.

E é exatamente a internet que pode distrair o estudante, porque basta clicar algumas vezes e lá está ele, conversando ou jogando com amigos ou estranhos; são papos e jogos que sempre encontram interlocutores: a qualquer hora que se acesse, há alguém com quem conversar ou jogar. Mesmo sem internet, podem-se jogar jogos já instalados na máquina.

> O computador é grande em tudo, para ajudar ou para atrapalhar.

Por isso, não se pode ignorá-lo, pois já faz parte do local de estudos, junto com objetos ainda em uso como cadernos, canetas e livros.

Horário

Não convêm sobrecarregar a agenda diária do filho com várias atividades nem deixar o horário muito solto. Por exemplo: de manhã, vai à escola. À tarde, ao inglês e à computação, por solicitação dos pais; mais tarde, à arte marcial, por escolha própria; e à natação, por indicação do médico. Não sobra tempo para digerir o que aprendeu na escola.

Não há dúvida de que atividades em excesso podem prejudicar o estudante, comprometendo seu rendimento. A mãe e o pai, trabalhando fora e não tendo com quem deixar os filhos pequenos, os colocam em "atividades-babás", que ocupam as crianças enquanto os pais trabalham. Eles preferem que essas atividades tomem conta do filho em vez de pessoas "despreparadas", como empregadas ou parentes desocupados. Realmente, a atividade-babá pode ser uma boa opção, desde que os pais fiquem sabendo o que aconteceu nesse período, e as crianças, mesmo "aprendendo alguma coisa útil", não sejam soterradas de compromissos a ponto de não terem mais tempo para brincar.

Ritmo biológico

É preciso estabelecer tempo de rendimento máximo do seu filho para programar intervalos e administrar melhor o horário. Cada pessoa tem seu ritmo biológico. Uns rendem mais ao cair da tarde, outros pela manhã. Em geral, os alunos escolhem para estudar a matéria fácil nas horas em que mais rendem. *Isso precisa ser mudado*. A matéria mais difícil deve ser vista nesse horário. A fácil não exige uma hora específica. Ou seja, chocolate, a criança come a qualquer hora.

Quando o rendimento começa a cair muito, está na hora de parar, levantar o corpo da cadeira, beber água, dar uma olhada na janela, brincar com o cachorro, realizar outra atividade que não tenha nada a ver com estudo, mas que possa ser interrompida dali a cinco ou dez minutos; porém, ele não poderá ligar a televisão. Se estiver passando um filme ou uma partida esportiva interessante, ele vai querer assistir ao programa até o fim e acabará deixando o estudo de lado.

Após o breve descanso, seu filho deve voltar a estudar a mesma matéria e passar para outra só quando tiver terminado a anterior. Não convém interromper completamente o estudo na hora em que ele se cansa, mas dar um recreio e voltar ao desafio, de modo a não criar o vício de largar projetos sempre que surgirem dificuldades.

Método

O comportamento humano é contagiante. Se no mesmo ambiente há uma pessoa trabalhando e outra descansando, com certeza as duas saem prejudicadas. É muito sábia a placa exibida em alguns escritórios e oficinas de trabalho com os seguintes dizeres: "Se não tens o que fazer, não o faças aqui".

Por isso, é bom que os filhos estudem no mesmo período do dia. Assim, quando terminam, brincam todos juntos. Do contrário, quem brinca atrapalha quem estuda, pois este preferia brincar também.

[Brincar é mais atraente e gostoso que estudar. Assim como assistir à televisão ou entrar na internet.]

Portanto, televisão não cabe na sala de estudos. Se não houver jeito, deve ficar desligada, pois na competição com um livro, ela ganha longe, por ter imagens e sons vívidos e coloridos. O livro, ao contrário, tem uma forma pouco atraente, porque seu conteúdo é expresso em letras imóveis.

Assim, mesmo que se tire o som da TV, ela foi feita para ser olhada. Dificilmente um estudante consegue olhar para uma tela, seja ela qual for, sem prestar atenção nela. E nada de estudar só na véspera da prova.

> Mesmo que não tenha lição de casa para fazer, a criança deve repassar as matérias dadas naquele dia. Mas não basta ler com os olhos, precisa ler em voz alta, fazer resumo.

E cabe aos pais conferir a lição, checar resumos todos os dias. Se os pais não tiverem método, os filhos deixarão de cumprir com suas obrigações. Até a quinta série, a criança ainda precisa de ajuda, portanto, os estudos também são de responsabilidade da família.

O preparo psicológico que deve ser adquirido para se viver bem a vida é sempre terminar o que se começa. Não se deve começar o dia seguinte arrumando o que deixou de fazer no dia anterior. Primeiro, porque as primeiras energias do dia acabam sendo gastas em consertar o ontem – e, quando o jovem começar o próprio dia, já estará cansado e desanimado. Segundo, porque se o estudo do dia começar mais tarde com certeza invadirá novamente o amanhã. Dessa forma, o jovem vive num círculo desgastante que só prejudica o rendimento e mostra forte indisciplina, resultado da falta de método.

Filhos distraídos e hiperativos

Filhos com dificuldade de digerir informações não devem estudar sozinhos no quarto porque podem

HORA DE ESTUDAR

distrair-se facilmente com qualquer outra atividade. E, em geral, é isso o que os pais pedem ao distraído: que fique isolado no quarto para se concentrar. O melhor é colocá-lo perto de alguém que o auxilie, pai, mãe ou outra pessoa qualquer que assuma o papel de ouvinte ou mesmo de aluno dessa criança. O distraído tem de ler em voz alta e explicar o que acabou de ler.

> O fato de ler em voz alta já obriga o cérebro a transformar símbolos visuais em sons articulados. É o início da concentração.

Muitos pais estão preocupados com o fato de seus filhos serem hiperativos, possuírem déficit de atenção, necessitando de um cuidado médico-psicológico especial. O que tenho observado é que a maioria dessas crianças são, na verdade, mal-educadas, apesar de bem-criadas.

Criar uma criança é fácil, basta satisfazer-lhe as vontades. Educar é mais trabalhoso. Trata-se de prepará-la para viver saudavelmente em sociedade, o que significa que não basta ser inteligente, a criança precisa ter ética. Quando atendemos a todas as vontades dos nossos filhos, estamos criando um animalzinho, pois pertence ao comportamento animal fazer tudo que deseja, fugir quando tem medo, dormir quando tem sono, comer quando tem fome e assim por diante.

A criança tem de ser educada para saber o que deve e pode comer, como e quando; a que horas deve dormir e acordar etc. O mesmo deve ocorrer com as demais atividades. Uma criança fala por meio de suas atividades mais do que por meio das palavras que pronuncia. As crianças são naturalmente ativas. É a má educação que provoca uma "diarréia" de ações. Elas vão realizando diversas atividades sem digerir as idéias e os valores nelas envolvidos – e tudo isso acarreta um grande desgaste para sua formação. Desta maneira, não está ocorrendo uma construção da personalidade.

Atendi a um casal cujo filho era hiperativo. O casal não se entendia. A mãe permitia-lhe tudo porque, claro, "o menino era hiperativo"; o pai queria impor-lhe alguns limites, pois achava que a "hiperatividade já estava demais" e o que o menino precisava era de educação.

Ambos tinham razão. De fato, o rapaz era hiperativo, e precisei medicá-lo. Mas ele também abusava da situação. Quando a escola o repreendia, defendia-se com o diagnóstico: "Sou hiperativo e não posso me controlar!" A orientação que dei aos pais foi a de que a mãe não poderia perdoar-lhe tudo (mentiras, delinqüências...) sob o pretexto da hiperatividade. Quanto ao pai, disse-lhe que não poderia impor limites aos aspectos que envolviam impulsividade, irritabilidade, instabilidade e agressividade. Foi preciso dar início a uma reeducação familiar.

Os chamados TDAH ou DDAH (Transtornos ou Distúrbios do Déficit de Atenção e Hiperatividade) são problemas psiconeurológicos que interferem em praticamente todas as atividades, com manifestações na atividade (hiperatividade) e/ou na atenção (déficit de atenção). A hiperatividade atinge quatro crianças do sexo masculino para uma do feminino. Esses transtornos ou distúrbios têm base genética e precisam de cuidados especializados e medicações altamente específicas. Um diagnóstico acertado, feito por especialista na área, ajuda bastante, principalmente com uma medicação adequada tomada na dose certa.

Decoreba provocando indisciplina

Aquele velho esquema de perguntas na véspera da prova e respostas decoradas dá a falsa impressão de que o aluno sabe a matéria decorada. Por isso, pais e mães não deveriam tomar a lição dos filhos, pois as respostas dadas naquela hora são informações aderidas ao corpo do conhecimento. Assim que as usa, fica sem elas para a prova. Checando a matéria com o filho, os pais tomaram dele as informações que seriam gastas nas provas. Portanto, o filho foi para a prova sem as informações, que foram "gastas" para responder às perguntas dos pais.

No lugar de o filho repetir o que está escrito, os pais poderiam pedir que o filho respondesse com as próprias palavras, pois assim ajudariam a transformar informação em conhecimento. Com conhecimento, ele pode responder qualquer pergunta. Com decoreba, não.

Para o aluno recorrer à decoreba é porque gastou todo o tempo adequado ao estudo em outras atividades. E, pensando bem: para que prestar atenção em aula, se só vai precisar estudar na véspera das provas? Se não tem de prestar atenção em sala de aula, sobra-lhe energia para gastá-la em indisciplina.

A disciplina para o estudo é uma conquista obtida por meio de um longo treino. O aluno deve organizar-se de modo a colocar o estudo como prioridade nos momentos certos. Como qualquer hábito adquirido por meio da disciplina, torna-se muito fácil aprender quando se adquire o hábito do estudo. E esse hábito acaba ajudando a pessoa a organizar-se em sentido mais amplo.

> Ao incorporar bem a disciplina do estudo, o indivíduo tem mais facilidade para sistematizar também outras áreas da sua vida.

Com o auxílio da disciplina, a criança gasta menos tempo estudando e ganha mais tempo para realizar outras atividades. Com o hábito do estudo, a *performance* melhora, e talvez não seja necessário repetir a leitura de um texto diversas vezes, pois o cérebro é disciplinado, mesmo em formação.

A vida em sociedade

O único animal que construiu uma civilização foi o ser humano. A civilização é o caminhar evolutivo da sociedade. Uma sociedade é composta de organizações, famílias e indivíduos, assim como o corpo humano é formado por aparelhos, composto por órgãos que, por sua vez, são formados por células.

O corpo humano não é um amontoado de aparelhos, mas um conjunto que funciona harmoniosamente numa interação interdependente. A deficiência de um órgão afeta o respectivo aparelho a que pertence, e este, por sua vez, prejudica o sistema corporal. No plano social, também um indivíduo pode prejudicar sua família e acabar atingindo a sociedade.

Teoricamente, a família teria a responsabilidade pela formação do indivíduo, e a escola, por sua informação. A escola nunca deveria tomar o lugar dos pais na educação, pois os filhos são para sempre filhos, e os alunos ficam apenas algum tempo vinculados às instituições de ensino que freqüentam.

Foram tantas as mudanças de mentalidade e comportamento nessas últimas décadas que tanto os pais quanto as escolas precisaram adaptar-se a um novo sistema educativo em busca da saúde social.

> Para viver em sociedade, o ser humano não necessita apenas da inteligência. Precisa viver segundo a ética, participando ativamente das regras de convivência e encarando o egoísmo, por exemplo, como uma deficiência funcional social.

O comportamento humano na sociedade pode apresentar três estilos:

Comportamento estilo vegetal. O ser humano funciona basicamente como a planta, que precisa ser cuidada por terceiros. Sua força concentra-se na sobrevivência. Exemplos: o recém-nascido, pacientes em coma etc.

Comportamento estilo animal. É quando o ser humano busca somente saciar seus instintos ou quando se deixa guiar apenas por um condicionamento, sem criticá-lo ou repensá-lo dentro dos parâmetros da ética, da lei etc. É o caso da voracidade mórbida que leva as pessoas a comer demais, a buscar poder acima de tudo, a lançar-se compulsivamente à compra de bens materiais, a consumir drogas, a cometer crimes como o estupro etc.

Comportamento estilo humano. Neste caso, o indivíduo utiliza sua inteligência para superar as dificuldades naturais da vida, a fim de resolver os conflitos de convivência, de buscar a felicidade e não somente a saciedade que o estilo animal procura. Entram aqui valores como cidadania, ética, religiosidade, respeito ao próximo, disciplina, gratidão etc.

Um dos maiores complicadores da vida do ser humano é confundir saciedade com felicidade. Um usuário de drogas, por exemplo, buscou nelas a felicidade, mas o que encontrou foi a saciedade momentânea de uma vontade, que dá lugar ao desejo de usar drogas outra vez. É um mecanismo semelhante ao que existe no ciclo fome-saciedade. Uma pessoa feliz não faz sua felicidade depender do ato de saciar a fome, que é o que ocorre com os animais. A felicidade é uma satisfação superior à saciedade.

Para atingirmos o objetivo maior da felicidade, precisamos da disciplina. É ela que nos ajuda a não sofrer quando algumas pequenas vontades, menos essenciais ao ser humano, não podem ser satisfeitas. A disciplina é um dos pilares do crescimento civilizado do homem e, conseqüentemente, um valor social importante.

Quando os pais fazem tudo para e pelo filho, este acaba nada aprendendo nem fazendo. Aprende a esperar que os outros satisfaçam seus desejos, vontades e necessidades. Caso não façam, criam confusões características de pessoas indisciplinadas. São filhos que berram com a mãe para que lhe traga um copo de água: *comportamento estilo vegetal*.

Quando os pais são extremamente permissivos, deixam que os filhos satisfaçam todos os seus desejos e instintos, como se fossem únicos no mundo, sem levar em conta outras pessoas: *comportamento estilo animal* indisciplinado, que não se incorpora com ética, respeito e civilidade.

Se os pais querem que seus filhos sejam disciplinados, persistentes para conseguir o quiserem, não se abaterem com frustrações e, ainda assim, respeitarem o código de boa convivência entre as pessoas civilizadas, é preciso que seus filhos sejam verdadeiramente educados: *comportamento estilo humano*.

Por que estudar é tão importante?

Nossa vida difere da dos animais porque temos as dimensões cognitiva, afetiva e motivacional. Quanto mais evoluídos, mais compreendemos as razões da disciplina, que passa a ser um importante componente da boa qualidade de vida.

A dimensão cognitiva é constituída pelos conteúdos do conhecimento, da memória, do pensamento abstrato, dos processos mentais e da capacidade de julgamento. Um conhecimento a mais pode mudar um julgamento. Um novo exercício intelectual enriquece o pensamento abstrato. Mais informações enriquecem a memória e possibilitam o aperfeiçoamento do raciocínio. Tudo isso se consegue com o estudo.

A dimensão afetiva inclui nossas emoções e as sensações básicas e instintivas. Quanto mais informações uma pessoa recolher e quanto mais apta estiver a refletir sobre o que sente, maior será sua capacidade de dominar uma reação agressiva e responder adequadamente a estímulos e desafios externos. O estudo, na medida em que nos fornece informação, conhecimento e matéria de reflexão, interfere diretamente no nosso comportamento diário.

A dimensão motivacional é a que nos estimula a agir, a conhecer, a amar. Acredito que quanto mais o ser humano aprende, mais deseja aprender. O ignorante julga que já sabe o suficiente e não se interessa em procurar novos conhecimentos. O conhecimento motiva-nos a estudar mais e, quanto mais motivados, mais facilmente aprendemos.

> Para sermos plenamente humanos e civilizados, e portanto felizes, com uma qualidade de vida melhor, o estudo é fundamental.

No milênio passado, era rico quem tinha propriedades. Hoje, a riqueza está em adquirir conhecimento e saber aplicá-los. É importante que tenhamos consciência disso tudo e procuremos, por meio de ações e palavras, transmitir às crianças e aos jovens o valor do estudo para eles mesmos e para a sociedade.

Uma boa maneira de motivar os filhos a estudarem pode ser a do interesse financeiro. Quanto mais estudos, maior pode ser o ganho. Salários são crescentes nesta seqüência conforme seus estudos: analfabetos; os que concluíram o primeiro grau; os que concluíram o segundo grau; os que concluíram faculdade e finalmente os pós-graduados. Na realidade, todo e qualquer profissional não deveria parar de estudar, sob o risco de se desatualizar rapidamente e perder o mercado. É a educação continuada.

Entretanto, entramos neste milênio com uma mudança radical no mundo do trabalho. A geração dos pais e avós dos adolescentes de hoje já passou por três ou quatro empregos. Em 2005, para cada três vagas reais de trabalho, existem dez candidatos. Portanto, sete têm de procurar realizar negócios próprios, o que significa serem chefes de si mesmos.

Se analisarmos os que estão prosperando com negócios próprios, têm eles em comum: empreendedorismo, capacidade administrativa, disciplina, competência para o trabalho, ética e transparência. Esses valores podem ser muito ampliados com estudos e atualizações de tudo o que surge no mercado dentro de seus respectivos ramos de atividade.

Outra motivação é a felicidade da pessoa que faz aquilo de que gosta. Quanto mais se estuda, mais se tem conhecimentos para escolher e competência para trabalhar naquilo de que gostamos. Quanto menor o grau de estudo, mais temos de aceitar ou nos submeter a trabalhos, às vezes penosos, que nos são oferecidos.

PARTE 2

LIMITES E DISCIPLINA NA ESCOLA

A escola é um espaço
intermediário de educação entre a família
e a sociedade, portanto, seus limites
comportamentais e disciplina têm de ser mais
severos que os familiares, porém mais suaves
que os da sociedade.

Mesmo que a escola cumpra
a lei e proíba o uso de cigarro nas suas
dependências, os alunos podem vir a transgredir
a lei fumando; entretanto, se essa lei não
for severamente vigiada, a transgressão se
dará também com maconha e outras drogas.

Há pais que querem

mudar as regras da escola para que seus filhos não fiquem contrariados. Outros pedirão "um pontinho" na média das notas para que seus filhos não sejam reprovados. Outros ainda fazem lições e trabalhos para e pelos filhos. Todas essas "ajudas" podem estar, na verdade, ajudando a formar mais um transgressor que um cidadão.

Com o número de filhos

diminuindo cada vez mais, os pais têm de cuidar deles não só materialmente, mas reforçar muito a qualidade educacional, já que cabe a eles a sucessão dos negócios, os cuidados de que necessitarão em suas velhices e a competência para administrar este Brasil que estamos lhes deixando.

Capítulo 1
Sobre a instituição escolar

A DISCIPLINA ESCOLAR É UM CONJUNTO de regras que devem ser obedecidas tanto pelos professores quanto pelos alunos para que o aprendizado escolar tenha êxito.

> Portanto, disciplina é uma qualidade de relacionamento humano entre o corpo docente e os alunos em uma sala de aula e, conseqüentemente, na escola.

Como em qualquer relacionamento humano, na disciplina é preciso levar em consideração as características de cada um dos envolvidos – no caso, professor e aluno –, além das características do ambiente.

O professor é essencial para a socialização comunitária e tem, basicamente, quatro funções:

Professor propriamente dito. Para poder ensinar, é necessário saber o que se ensina. Isso se aprende no currículo profissional. E saber como ensinar. O professor precisa conseguir transmitir o que sabe. Pode ser um comunicador nato ou vir a desenvolver essa qualidade treinando ou por meio da própria experiência.

Coordenador do grupo de alunos. Essa função não é habitualmente ensinada no currículo, pois exige um conhecimento mínimo de dinâmica de grupo, bem como noções básicas de psicologia para manter a autoridade de coordenador. Sala de aula não é consultório; escola não é clínica. Portanto, na função de coordenador de alunos, o professor tem de identificar as dificuldades existentes na classe para poder dar um bom andamento à aula.

Membro do corpo docente. O professor A ouve uma reclamação de um aluno sobre o professor B; deveria comunicar a ele o que ouviu, para que este possa tomar alguma providência no sentido de responder adequadamente à reclamação. Seria falta de lealdade ficar sabotando os colegas perante os alunos. Os professores devem ajudar-se mutuamente, como fazem os estudantes. Se muitos alunos queixam-se de um único professor, é sinal de que algo está errado. A única forma de solucionar um problema é identificando o erro. Como todo ser humano, o professor também pode estar errado. O fato de ser professor não é garantia de estar sempre certo.

SOBRE A INSTITUIÇÃO ESCOLAR

Empregado de uma instituição. Como todo empregado, o professor tem direitos e obrigações. Eventuais insatisfações ou desavenças empregatícias devem ser resolvidas por meio dos canais competentes. Não podem (nem devem!) ser descarregadas nos alunos, que não têm nada a ver com o problema. Os alunos correm o risco de ser manipulados pelo professor em virtude da própria posição de poder que ele exerce na classe.

A maior força do professor está em seu desempenho na sala de aula, principal motivo da sua contratação. Portanto, ele não deve simplesmente fazer o que bem entender, sobretudo diante da indisciplina dos alunos, já que representa a escola. Numa instituição em que cada professor atua como bem entender, haverá, com certeza, discórdias entre o corpo docente, e os alunos saberão aproveitar-se dessas desavenças, jogando um professor contra outro.

Por isso, é importante que os professores adotem um padrão básico de atitudes diante dos tipos de indisciplina mais comuns, como se todos vestissem o mesmo uniforme comportamental. Esse uniforme protege a individualidade do professor. Quando um aluno ultrapassa os limites, não está simplesmente desrespeitando um professor em particular, mas as normas da escola.

O aluno também é peça chave para a disciplina escolar e o sucesso do aprendizado. Atualmente, a maior dificuldade que encontra é a falta de motivação para estudar. Estudar para quê? Para passar de ano e ganhar presente? Ou para ter sabedoria? Para os pais não "pegarem no pé"?

Quando estão interessados em algum assunto em particular (computação, música, esporte, internet), os alunos são as pessoas mais animadas, empreendedoras e focadas.

O ensino fundamental e o médio tendem a ser aprovativos, o que estimula o estudo apenas suficiente para a aprovação, com conhecimentos muitas vezes descartáveis após a prova. O vestibular para a faculdade, por sua vez, é um sistema competitivo e depende dos conhecimentos; portanto, a motivação para estudar é acumular saber, bem diferente de atingir uma média cinco para não repetir de ano.

No vestibular, o fator sorte é mais decisivo quanto menor for o conhecimento. Trata-se de um fator imponderável, que pode fazer cair na prova o que o vestibulando mais estudou, ou não cair justamente o que estudou. Assim, quanto mais estudar, isto é, quanto mais conhecimentos tiver, menos ele dependerá da sorte, mais preparado estará.

Os melhores alunos são os que acabam aprendendo mais, e os piores, menos. Em termos de sabedoria, quanto mais se sabe, mais se quer aprender. Em termos de ignorância, quanto menos se sabe, mais se pensa que não é preciso saber mais...

[O ambiente também interfere na disciplina.]

Classes muito barulhentas, nas quais ninguém ouve ninguém; salas muito quentes, escuras, alagadas ou sem condições de acomodar todos os estudantes são locais pouco prováveis de se conseguir boa disciplina.

SOBRE A INSTITUIÇÃO ESCOLAR

No entanto, a condição ambiental mais prejudicial é o estado psicológico do grupo. Uma escola em crise, que esteja passando por greves e os conseqüentes conflitos entre grevistas e fura-greves, com brigas entre a classe e os professores, ou por aulas ministradas durante grandes eventos populares são situações que dificultam o aprendizado.

Um professor não tem condições de trabalhar numa instituição que sempre protege o aluno, *o cliente*, independentemente do fato de este estar ou não com a razão; sem respaldo da instituição, não há professor com autoridade.

Características de uma sala de aula

O agrupamento de estudantes numa sala de aula tem algumas características importantes:

- Alunos com idades cronológicas semelhantes, embora nem sempre o desenvolvimento emocional acompanhe a idade cronológica.
- Estudantes de sexos diferentes, da mesma idade cronológica, têm desenvolvimentos emocionais distintos.
- Cada aluno traz dentro de si sua própria dinâmica familiar, isto é, seus próprios valores (em relação a comportamento, disciplina, limites, autoridade etc.).
- Cada um tem suas características psicológicas pessoais.
- Alunos transferidos de outras escolas podem ter históricos escolares bem diferentes dos históricos de seus novos colegas.

DISCIPLINA: LIMITE NA MEDIDA CERTA

- Para muitos estudantes o lema é: "A escola é boa, o que atrapalha são as aulas". Esse lema é válido principalmente para os alunos problemáticos.
- O professor é analisado por todos os alunos.
- O professor pode ser um canhão, mas cada aluno é um revólver.
- O que um professor faz em determinada classe rapidamente torna-se do conhecimento de todos os alunos, sobretudo por intermédio daqueles que desejam "fulminar" o tal professor.
- Os maus alunos especializam-se na arte de "assassinar aulas", ou seja, tirar o professor de sua função de dar as matérias que caem nas provas. É um vale-tudo: debates políticos e econômicos dentro da sala, levantar problemas psicológicos ou da administração da escola, jogar um professor contra outro, brincar de brigar entre os colegas...
- Nem todos na classe são "inimigos" do professor. Os alunos saudáveis (chamemos assim), em geral, são a maioria. Mas estes não chamam a atenção exatamente porque não dão trabalho aos professores. Entre estes, há sempre aqueles que têm um forte sentimento positivo em relação ao professor. Tais alunos podem funcionar como pontos de referência da aula. O relacionamento do professor com esses alunos funciona como fios invisíveis que sustentam um objetivo. Às vezes, acontece de o professor ser avisado, ao chegar à classe, por meio desses "fios invisíveis", de que tem alguém passando mal ou aprontando alguma coisa.

Não chega a ser uma delação ou denúncia, mas um "recado entre amigos".

> Quanto maior for o número de "fios invisíveis" tecidos entre o professor e os alunos, maior será a integração dele com a classe.

Não estou me referindo aos conhecidos "puxa-sacos", aos bajuladores. Para estes, basta mudar o interesse que rapidamente trocam de "sacos a puxar"...

- Para tecer esses "fios invisíveis", o professor pode valer-se de, basicamente, três fatores estimulantes: *aspectos pessoais* (simpatia, higiene pessoal, elegância, educação, costumes); *capacidade de comunicação*; e *conhecimento da matéria* que ministra.
- Por parte dos alunos, os fios invisíveis podem ser tecidos com base no desejo de aprender, na facilidade de compreender e no fato de se sentirem bem durante a aula.

Anorexia do saber

Aprender é alimentar a alma de saber. Atualmente, muitos alunos sofrem de anorexia do saber. O pouco que sabem já acham que é muito, por isso se recusam a aprender mais: sanduíches e refrigerantes podem ser gostosos, mas não serão mais nutritivos que as refeições balanceadas e os sucos naturais. Na escola, a maioria das aulas tem sido pouco apetitosa, quando não indigesta, principalmente para aparelhos digestivos tão despreparados: qualquer caldinho ralo parece uma feijoada completa.

Aulas insípidas, com o arcaico método pelo qual *um fala enquanto o outro escuta*, perdem para ofertas muito mais prazerosas da sociedade. Os jovens de hoje parecem ter um ritmo diferente, em comparação com o ritmo dos seus pais na época em que estes eram estudantes. Os alunos não têm tempo para ser "desperdiçado com coisas inúteis" (o estudo), mas o investem em intermináveis conversas sobre as novidades do telefone celular, da informática e da internet por meio de seus blogs e videoblogs, da música, do esporte ou das baladas. As constantes migrações de escola e a grande procura por aulas particulares demonstram o baixo aproveitamento do ensino escolar.

Ensinar pode ser bastante prazeroso, porque é dividir *o saber com quem não sabe*. Não só o saber formal das escolas, mas também o informal, que às vezes é muito mais construtivo: é bem mais agradável ao paladar, bem mais apetitoso.

Interação é a palavra da moda. Ensinar é um dividir que soma, que enriquece professor e aluno. O abuso do poder pelo saber é medíocre, uma vez que a ignorância pode ser transitória. A verdadeira sabedoria traz embutida em si a humildade. Assim, ensinar passa a ser um gesto de amor. Isso, é claro, para quem deseja aprender, para aquele que já se tornou um discípulo.

Volto a citar: "Quando o discípulo está pronto, o mestre aparece". Hoje, no entanto, os alunos não andam muito interessados em ser discípulos. No Brasil, o discípulo muitas vezes não está pronto para a escola. Por essa razão, o bom professor precisa despertar no

SOBRE A INSTITUIÇÃO ESCOLAR

aluno a função de discípulo, cativá-lo para que ache interessante o tópico que está sendo estudado.

Professor, o grande cozinheiro

Quando o professor prepara com cuidado o modo de transmitir os conteúdos, o aluno pode aprender por prazer. Seu interesse pela matéria deve ser despertado do mesmo modo que um *trailer* convida a assistir a um filme. A forma é importante: a comida deve ter um cheiro delicioso, uma linda apresentação e um sabor especial.

O cuidado do professor ao preparar suas aulas deveria ser equivalente ao de um bom cozinheiro esmerando-se na confecção de suas iguarias. O corpo desconhece o valor nutritivo do alimento, mas sente sua carência. Cabe ao mestre-cuca introduzir nos pratos os ingredientes nutritivos.

> O professor deve ter muita criatividade para tornar sua aula apetitosa. Os temperos fundamentais são alegria, bom humor, interação, respeito humano e disciplina.

Se de fato o professor integrou a informação à sua vida, e não apenas a decorou, é capaz de fazer a correlação entre a matéria e os fatos cotidianos. Isso acaba com a contestação que se baseia na seguinte pergunta: "Para que estudar o que nunca vou usar?"

A física, por exemplo, tem muito em comum com o esporte. Existe uma grande diferença entre o professor que só quer despejar conteúdos da matéria e o que sabe o valor da informação para o presente e o futuro do aluno. Haverá interesse do aluno pelo conteúdo do programa escolar sempre que houver uma correlação entre este e o dia-a-dia do estudante. O professor sábio estabelece tal correlação.

Convite à participação

Como a vida do jovem é bastante restrita aos seus próprios interesses, com freqüência o professor precisa estimulá-lo a ampliar seu universo. Ao solicitar que traga manchetes de jornais e revistas, livros ou filmes pertinentes ao tema da aula, o professor está convidando o aluno a participar da elaboração do prato, o que aumenta seu interesse e torna o conteúdo mais apetitoso. A grande maioria dos alunos não se contenta em ser apenas um comensal.

O professor tem um papel central como fonte emissora de informações que os alunos vão transformar em conhecimento. Alguns estudantes adoram ou detestam determinada matéria justamente por causa do professor.

Os requisitos para um professor ser amado são combinar senso de humor e movimentação cênica: falar não só com a boca, mas com o corpo inteiro; saber estabelecer o limite entre o adequado e o inadequado; saber ouvir e exigir quando necessário. Como coordenador de grupo, ele tem uma autoridade a ser exercida, que inclusive é esperada pelos alunos. Na falta dela, se deixar tudo por conta dos estudantes, a classe se dispersa.

Bom humor é imprescindível

Além de desarmar mecanismos de defesa contra a autoridade, o bom humor cria uma grande empatia entre professor e aluno. É como nos rituais antigos, em que as batidas dos atabaques comoviam as pessoas e as mobilizavam para a comemoração, de modo que as individualidades se perdiam para o grupo funcionar num todo, como se fosse uma religião (no sentido de unir, de religar as pessoas).

O bom humor, o riso e a espontaneidade são ingredientes necessários à sensação de liberdade. Pessoas livres aprendem mais e melhor. O bom humor difere da ironia fina, que pode ser comparada à ponta de um punhal, capaz de cortar a jugular de um aluno, ou do deboche, que parece um tacape amassando a cabeça da vítima.

Bom humor é um estado de espírito, uma vivacidade própria de quem está atento a todos os estudantes. Comporta, inclusive, piadas e trocadilhos. Aliás, os próprios alunos também têm permissão de fazer trocadilhos e gozações, dentro do contexto que o professor/coordenador achar mais adequado.

> O professor precisa entender que dentro da classe ele tem uma função específica; ele quase interpreta um personagem. Professor tímido não dá ibope. E dificilmente escapará de receber um apelido e das gozações dos alunos.

Suas características pessoais desfavoráveis não precisam aparecer. Há gagos que não gaguejam quando cantam, porque o roteiro musical já está pronto dentro dele. Mas o gago sempre gagueja quando fala sobre si mesmo. O professor não tem de falar sobre si mesmo durante a aula, portanto, não tem por que se intimidar. Aquele ator extrovertido e divertido que o tímido conhece, e tem como ídolo, pode pessoalmente ser uma pessoa também muito tímida...

Assim, o indivíduo precisa preparar-se para desempenhar a função de professor, não apenas em termos de aquisição do conteúdo, mas também no tocante à forma, desenvolvendo, entre outras características, o bom humor.

Existem excelentes comunicadores que, na vida privada, não são tão extrovertidos quanto parecem. Diante das câmeras eles vestem o "uniforme de trabalho". O professor também precisa vestir seu uniforme para superar a timidez.

O peso da timidez está em considerar-se impotente: na hora em que o tímido começa a quebrar uma de suas pontas, ela não resiste e começa a ruir. Basta o professor soltar-se um pouco e, quando menos esperar, já a terá superado.

A timidez é um monstro de papel, muitas vezes criado pela própria sociedade, fomentada por pais severos, que acabam sendo incorporados pelo filho como um tribunal interior encarregado de avaliar, a todo instante, sua fala e seu comportamento. Portanto, uma das maneiras de ludibriar esse rigoroso tribunal é representar um personagem: "Agora estou sendo um professor, não eu mesmo. E, como professor, devo falar certas coisas".

SOBRE A INSTITUIÇÃO ESCOLAR

O domínio da movimentação cênica

Os olhos dos alunos sentados nas suas carteiras rapidamente se anestesiam ao focalizar objetos estáticos, favorecendo a dispersão ou preparando a mente e o corpo para o sono. Se um professor é alvo parado, logo estará falando sozinho. Ele vai, sem querer, hipnotizar os alunos. Ficará cada vez mais distante e desfocado, até desaparecer por completo do mundo deles. É o que acontece quando os alunos já estão bocejando.

De alvo parado já chega o livro. Ao movimentar-se pela sala, o professor obriga o aluno a acompanhá-lo com os olhos. Quando se aproxima de um, garante que pelo menos este fique mais ligado. E com a entonação (não a impostação artificial) e a modulação da voz, integra som e movimento – isso é um verdadeiro jogo audiovisual.

[
O professor precisa provocar, captar a atenção dos alunos para o que ele está falando. O que a gente vê não esquece, o que nem sempre ocorre com o que lemos.
]

Se no olhar surgir um sentimento, vive-se a situação. E uma vivência jamais se apaga. Os alunos geralmente aprendem muito mais por meio de imagens do que de símbolos.

Em suma, o professor deve empregar o bom humor e a movimentação cênica para tornar a aula uma experiência de vida – não a simples transferência de informação de uma pessoa para outra. Desse modo, ele deixa de ser alguém que fala apenas com letras para tornar-se um professor que fala com vida.

Avaliações mais eficazes

Existem outras formas de auxiliar o aluno. O atual sistema de avaliação educacional é bastante inadequado, prejudica muito o professor e favorece aquele tipo de aluno que só estuda para testes e provas. É como se fosse um funcionário que trabalhasse somente no dia do pagamento. Nas avaliações escritas, o estudante limita-se a reproduzir o que o professor disse. As respostas são repetitivas. Medem a capacidade de engolir o que foi dito, não a capacidade de incorporação.

Isso deve ser mudado. O professor precisa investir na formulação de perguntas que obriguem o aluno a responder com as próprias palavras, demonstrando o conhecimento adquirido sobre aquele conteúdo da matéria.

Se o professor, a todo começo de aula, fizer uma "chamada oral" sobre o tema visto na aula anterior, premiando respostas certas com pontos positivos, aí o aluno terá estímulo para ler, pelo menos, a matéria da aula anterior, e estará aquecido para seguir em frente. Mas tem de ganhar pontos para haver incentivo. Essas "chamadas orais" não levam mais que cinco minutos e propiciarão um bom rendimento da aula.

Uma das características fundamentais da adolescência é a formação da sua turma. Os professores poderiam formar grupos operativos de trabalhos tanto em classe quanto fora dela. Fazê-los procurar as informações instiga mais os jovens que recebê-las prontas. Jovens adoram testes que medem sua inteligência, esperteza, força física etc., e gostam muito de ficar se comparando com outros jovens. É uma maneira de definir sua própria personalidade.

Esses recursos ajudam a despertar os interesses dos alunos que, dessa maneira, deixam de ser indisciplinados quase automaticamente. Até os professores se sentem mais motivados a dar aulas para essas turmas.

Jogo de cintura

Um professor não pode definir um único tipo de postura perante as diferentes classes, idades e níveis socioeconômico e cultural dos alunos. Se assim o fizer, não estará levando em consideração a presença do outro no relacionamento. É como se não tivesse interlocutor. Ele não se relaciona com o outro, mas com ele mesmo. Esse professor está fragilizado e tende a piorar se assim permanecer, principalmente se perde as oportunidades de se enriquecer a cada novo relacionamento que estabelece.

A neurose torna as pessoas rígidas e sem escolhas. Quem tem medo de cachorro reduz todos os cachorros àquele de que tem medo, não importa quais sejam eles. Isto é, o neurótico não escolhe os cachorros. Perde o jogo de cintura, a espontaneidade, a possibilidade de usufruir a vida. É como o professor que reduz todos os alunos àquele que ele tem dentro de si – perde a chance de aumentar seus relacionamentos e melhorar sua qualidade de vida.

Quando um professor usa as mesmas fichas e exemplos há décadas, sem ter o cuidado de atualizar-se, é sinal de que não está levando em consideração os alunos, que estão "plugados" com as novidades, que vivem num ritmo acelerado, nesses tempos de internet movida a adrenalina. Sem renovação, o professor torna-se um prisioneiro do seu próprio comportamento e acaba prejudicando muito os alunos, que perdem o poder de participação. Trata-se da rigidez do papel de professor, para quem dar aulas independe da presença do aluno. O mesmo pode ocorrer com o estudante, que funciona sempre do mesmo modo, sem reparar nas características próprias de cada professor.

Quando o professor erra

Ser professor não significa estar sempre certo, não ter problemas psicológicos, ser sempre vítima dos alunos ou ser inocente em todas as situações ocorridas em classe.

Como qualquer outro ser humano, ele está sujeito à psicologia e à psicopatologia humanas, isto é, a apresentar distúrbios psiquiátricos, psicológicos, orgânicos, sociais ou relacionais.

Um importante sinal que a realidade oferece é a comparação com outros professores que ministram aulas para as mesmas classes. Se "tudo" acontece naquela sala com um único professor e é com esse que as outras turmas também "aprontam", provavelmente esse docente deve ser o problemático (muito bonzinho, não consegue estabelecer a ordem, perde a autoridade inerente à função de professor, incapaz de reagir às provocações dos alunos). Tudo isso pode gerar indisciplina em classe, o suficiente para prejudicar a aula ou o bastante para inviabilizá-la.

Relaciono, a seguir, alguns problemas bastante comuns em sala de aula:

SOBRE A INSTITUIÇÃO ESCOLAR

- Falta didática ao professor (lê livros ou velhas anotações durante a aula, fala exatamente como leu nos livros, escreve o tempo todo na lousa).
- Discute freqüentemente questões alheias à aula, como pregações ideológicas, principalmente políticas.
- É irritadiço, agressivo e mal-humorado.
- É excessivamente severo (exerce o poder, não a autoridade educacional), não despertando nem o interesse nem a participação dos alunos.
- Não estabelece limites adequados e, quando atinge seu limiar, explode – e aí não escapa ninguém.
- É medroso, inseguro, emotivo e tímido.
- É fanático por algum tema, como política ou futebol, que permite aos alunos criar facilmente um elemento de dispersão: basta alguém tocar nesses assuntos para o professor "assassinar" seu papel didático.

Desmandos em aula

Veja, agora, alguns exemplos de desmandos de professores em classe:

- Fazer uma prova dificílima para que os alunos (principalmente os bagunceiros) tirem notas baixas. Se possível, um zero bem redondo.
- Aplicar prova em dias facultativos ou eventuais pontes de feriados, obrigando os alunos a comparecer à escola.
- Ter sempre razão; obrigar o aluno a fazer um exercício só porque está mandando.

DISCIPLINA: LIMITE NA MEDIDA CERTA

- Ler a aula toda seguindo o que já está escrito nos livros, obrigando os alunos a acompanhar o texto nos próprios livros, em vez de explicar a matéria com exemplos vivos e atuais.
- Proteger determinado aluno (ou grupo) em detrimento dos demais.
- Perseguir um aluno (ou grupo), atitude igualmente injusta.
- Abusar da autoridade, exigindo silêncio absoluto o tempo todo, não permitindo sequer um piscar de olhos.
- Achar que alunos não têm vez nem voz, se recusando a escutar suas explicações ou justificativas.
- Ficar impaciente e nervoso, tornar-se agressivo, gritar para que o aluno cale a boca ou dar trabalhos extras só para descontar sua raiva.
- Fazer farto uso de palavrões.
- Anotar tudo com "marquinhas" ao lado do nome do aluno para mais tarde diminuir sua nota.
- Enfiar um monte de trabalhos escolares goela abaixo do aluno para ocupá-lo durante todo o fim de semana prolongado.
- Não dar ao estudante o direito de ter dificuldades com a matéria, nem dedicar tempo para, com paciência, criar novas explicações.
- Elaborar uma longa e cansativa lição de casa como castigo.
- Fazer chamada com os alunos ainda entrando na classe, dar falta se não ouvir a presença, já chegar dando matéria ou ir escrevendo na lousa, depois ir apagando o que escreveu sem dar tempo

SOBRE A INSTITUIÇÃO ESCOLAR

para que o aluno entenda, pois é forçado a copiar tudo depressa.
- Exigir que o aluno seja igual a ele!

Existem inúmeros outros desmandos que podem ser mais ou menos graves, conforme as situações. Talvez, menos grave quando ele não se dá conta de tal desmando. Mas nesse caso o professor tem problemas psicológicos. Seja como for, os efeitos sobre os alunos são nocivos.

> É grave quando o professor usa sua autoridade para obter uma compensação pessoal em detrimento de sua função pedagógica.

Da mesma forma que existem tipos caricaturáveis de alunos, há também de professores. É importante que cada docente conheça seu tipo e funcionamento para ter melhor domínio da relação professor-aluno.

Falhas da escola

Quando um país sofre uma crise econômica, social ou política, a educação é, sem dúvida, uma das áreas mais afetadas.

> Um país que não cuida da educação de seu povo está condenando seu futuro.

O elo mais significativo são os professores, que, entretanto, também são os mais massacrados por essa corrente da educação. O elo mais fraco, os alunos, é o mais prejudicado. E tudo isso prenuncia, como conseqüência, um futuro sombrio para o país em que esses professores não desempenham seu papel corretamente e no qual os alunos não recebem os bens culturais a que têm direito.

Como se não bastassem as inúmeras dificuldades, sobrepõem-se os interesses financeiros de algumas pessoas ou de alguns grupos empresariais, que fazem da educação seu principal filão. Não medem a qualidade do ensino, pouco se importam com a real formação do aluno. Visam apenas à obtenção de maior lucro, num capitalismo desumano e selvagem.

Nesses estabelecimentos, os professores não são orientados de maneira adequada a explorar suas capacidades e aperfeiçoar a qualidade de seu trabalho. Desconhecem sua importância decisiva na educação dos alunos, que muitas vezes só têm a si mesmos como elementos de confiança, uma vez que a crise socioeconômica também consome seus pais. Tais professores passam a ser material de comércio, portanto, facilmente descartáveis por vários motivos:

- Quando se encontram professores dispostos a receber um salário menor, quase sempre eles têm menos experiência e menor capacidade didática.
- Muitas vezes, professores entram em choque com alunos por causa de problemas de disciplina, e a empresa escolar segue a máxima do comércio: "O freguês tem sempre razão", ou seja: "O aluno é nosso freguês, portanto, também tem razão". Essas escolas estão colaborando com a falta de ética.

SOBRE A INSTITUIÇÃO ESCOLAR

- Quanto menor for o pagamento dado aos professores, maiores serão os lucros da empresa. Isso implica um pagamento ínfimo e vergonhoso por hora/aula; além disso, não são levadas em consideração as horas que o professor gasta em casa para preparar aulas e corrigir provas.
- Tais empresas se aproveitam, inclusive, do silêncio dos professores-vítimas, que se calam diante da sua própria impotência, decepção e mágoa. É lamentável quando se usa a educação para interesse mercantilista.

O que os alunos aprendem quando:

- Os professores de uma mesma matéria são várias vezes substituídos durante o ano letivo, cada qual com sua postura, proposta e adotando um livro diferente?
- Não é respeitado o vínculo professor-aluno, criado pela convivência e pelo respeito mútuo, fonte de confiança e um dos pilares do aprendizado?
- Os alunos sabem que foram aprovados (mas deveriam ter sido reprovados) somente porque a escola não quer perder o aluno-cliente ou porque recebeu ajuda (dinheiro, doação, favores) dos pais?

Como se vê, quaisquer respostas a estas perguntas nos mostram o lado negativo e pernicioso do ensino. Não só acredito piamente que os profissionais de qualquer área têm de ganhar dinheiro como também que os melhores profissionais têm de ganhar mais. O que não é bom para a educação é quando o interesse pelo dinheiro fica acima de outros valores não materiais, como disciplina, cidadania e ética. Qual o valor que se passa ao aluno quando a escola se torna conivente com a transgressão, tirando a razão de quem a merece?

Capítulo 2
Causas da indisciplina dos alunos

MUITOS MOTIVOS PODEM LEVAR um aluno a não se comportar de forma adequada em atividades que necessitem de uma integração funcional na escola. Relaciono, a seguir, os principais, adiante comentados:

- Distúrbios (perturbação da psique) ou transtornos (ligeira perturbação) dos alunos: **1 •** indisciplina ou próprio da adolescência?; **2 •** birras, mordidas, roubos e choros infantis; **3 •** síndrome da quinta série; **4 •** distúrbios neuróticos; **5 •** distúrbios leves de comportamento; **6 •** uso e abuso de drogas; **7 •** distúrbios de personalidade; **8 •** deficiência mental; **9 •** psiquiátricos e neurológicos.
- Distúrbios relacionais entre professores e alunos: educativos; entre os próprios colegas; por influência de amigos; distorções de auto-estima.

- Distúrbios e desmandos de professores.
- Método psicopedagógico.

Analisaremos, agora, cada uma dessas causas.

Indisciplina ou próprio da adolescência?

Durante muito tempo o adolescente foi considerado uma criança crescida ou vir-a-ser um adulto. Quando ainda não se compreendia o adolescente, julgava-se que era rebelde, perdido, reivindicador, intratável, ousado, tímido, impulsivo, agressivo, impaciente, onipotente e tantos outros adjetivos quantos são os adolescentes. E já faz quase trinta anos que elaborei esta teoria de desenvolvimento por meio das etapas adiante sublinhadas.

De fato, podemos encontrar todos os adjetivos citados acima, mas não tão desordenadamente a ponto de considerar-se indisciplina tudo o que foge do não-ser-adulto. Cada adolescente já tem a sua própria história, e suas manifestações com as respectivas conseqüências relacionais podem variar conforme as etapas de desenvolvimento – cerebral e mental – e situações pelas quais está passando.

Se os professores e pais tivessem conhecimento do que se passa com seus alunos e filhos, provavelmente muitos conflitos deixariam de existir. Apresento, a seguir, o que ocorre na adolescência como um todo conforme a idade.

Manifestações de uma etapa que aparecem em outras são um sinal que pode revelar a existência de conflitos e/ou problemas. As idades podem variar para

CAUSAS DA INDISCIPLINA DOS ALUNOS

mais e para menos, em três a quatro anos. Das manifestações citadas, somente algumas é que aparecem.

Garotinho de 11 anos, etapa da confusão pubertária: atrapalha-se nas matérias da quinta série; acha que fez a lição sem ter feito; não entende proposições muito abstratas; infantil para o tamanho; estabanado com as mãos (derruba tudo); quebra regras sem perceber; fica aéreo como se nem estivesse ali; "faz graça" sem graça; perde a noção do tempo e da importância das tarefas.

Garoto de 13 anos, etapa da onipotência pubertária: respondão, mal-humorado; se opõe ao que se pede, mas não sabe o que fazer sozinho; isola-se para resolver sozinho suas questões; fala pouco, apenas para comunicar o que resolveu dentro de si; faz uma coisa de cada vez; quer medir forças com todos; briga na rua para defender a mãe que ele mesmo ataca em casa; não leva desaforo para casa; enfrenta o pai; não sai da internet; muito competitivo nos jogos de computador; para ele, os outros estão sempre errados; quer experimentar o perigo, sexo, drogas etc. O seu sistema de recompensa está mudando porque diminui o poder de captação da dopamina, e o que antes o divertia agora o entedia, ou seja, precisa de emoções mais fortes.

Mocinho de 14 anos, etapa do estirão: fica mais envergonhado; desengonçado, perde a coordenação motora; evita apresentar-se em público; morre de amores, mas tem ódio de não conseguir falar com as garotas; usa muito a internet; não tem concentração para os estudos; gosta de grupos, mas tem dificuldade de se enturmar; atrasa-se para os compromissos; gasta muito tempo "desarrumando" caprichosamente seus cabelos.

Mocinho de 16 anos, etapa da mutação: mudança de voz. Mais calado, menos ativo nos grupos; pouco reagente; acha-se feio; muito descontente com o próprio corpo.

Moço de 17 anos, etapa da onipotência juvenil: mania de Deus; impulsivo em busca do prazer imediato – o sistema de recompensa ainda não suporta espera, porque seu córtex pré-frontal ainda não amadureceu; invulnerável, pois ignora o perigo; tem certeza de que não vai engravidar, mesmo sem prevenção; não vai ficar viciado com drogas; não vai repetir, mesmo não estudando; não é contigente – não aprende com erros passados; não é conseqüente – não antecipa conseqüências futuras etc.

Garotinha de 9 anos, etapa da confusão pubertária: quando abraça, pisa nos pés da mãe; conversar com amigas é mais importante que assistir às aulas ou atender os pais; admira bastante as mais velhas; evita as mais novas; muito crítica, deprecia suas inimigas "mortais", que amanhã podem ser suas melhores amigas; odeia depender dos outros; detesta ser tratada como criança.

Garota de 10 anos, etapa da onipotência pubertária: mais que poder físico, ela quer ter poder relacional. Muitas

CAUSAS DA INDISCIPLINA DOS ALUNOS

amigas e também algumas inimigas; compara-se às amigas e ridiculariza as inimigas; repara no que as outras estão vestindo; nenhuma roupa lhe serve; a onipotência é direcionada a relacionamentos; já se interessa por rapazes; à medida que vai falando, suas questões pessoais também passam a ser resolvidas; fala e escuta ao mesmo tempo; faz muitas coisas ao mesmo tempo.

Mocinha de 11 anos, etapa do estirão: perda do controle do crescimento corporal que se opera em todas as direções — frente (seios), lados (quadris), atrás (nádegas), resultando em complexos, isolamento, vontade de fazer cirurgia plástica corretiva; a velocidade da transformação do córtex parietal não acompanha a do corpo, desequilibrando seu esquema corporal; excessos em comida — obesidade e regimes exagerados, anorexia; ataques de isolamento e timidez; crises de infelicidade; amor platônico que paralisa os estudos.

Mocinha de 12 anos, etapa da menarca (primeira menstruação); importância ritualística de se transformar em mulher ainda garotinha; isola-se para ter vida mais privada e/ou sente-se transformada em mulher; detesta ser chamada de criança; vê o mundo como uma mulher.

Moça de 13-14 anos, etapa da onipotência juvenil: a força para defender o seu namoro é equivalente à da mãe ao defender seu filho ou à do homem ao defender sua mulher; portanto, vai contra tudo e todos; sente-se invulnerável, não engravidável, não viciável, não embriagável etc.

A adolescência, como processo de desenvolvimento, funciona como um segundo parto, um nascer para o social em busca da autonomia comportamental. É bastante comum a escola lidar muito mal com os adolescentes. Trata-os como se fossem crianças, cada um sentado em sua carteira, em silêncio, e que cada um se preocupe com as suas próprias obrigações.

Adolescentes não funcionam nem como crianças nem como adultos. Eles funcionam melhor em grupos, com competições e desafios. Eles adoram as escolas. O que lhes atrapalha a vida são as aulas.

É próprio que precisem de apoios financeiros, legais e afetivos dos pais e que detestem, muito mais que em outras idades, os adultos-deuses, inseguros, mandões, autoritários, repetitivos, inconstantes, frios ou arrogantes. Assim, nem sempre as origens das indisciplinas correm por conta deles. Podem ser reações e pouca tolerância àquilo que não aceitam.

> Quanto mais equilibrado for o jovem, menos acentuadas e conturbadas serão todas essas etapas. Quanto mais nítidas elas forem, mais sofrida deve estar sendo a passagem pela adolescência.

Uma das dúvidas mais comuns dos pais e professores é: *quando termina a adolescência?* Biologicamente, o cérebro completa seu funcionamento mais integrado até 23-26 anos de idade. Mas já pode funcionar como adulto se conseguir independência financeira. Por isso mesmo os universitários em geral são considerados adultos jovens.

CAUSAS DA INDISCIPLINA DOS ALUNOS

Pais que sabem agir adequadamente, percebendo em que nível os filhos estão, protegem e ajudam as crianças, associam-se e auxiliam os púberes a se organizar, e aos adolescentes pedem ajuda útil, delegando-lhes funções e conferindo os resultados do que foi pedido. Quem não confere perde autoridade mesmo que tenha poder, principalmente com adolescentes.

> Pais e professores têm de amadurecer também com o desenvolvimento dos filhos e alunos. O mínimo exigido é a mudança de relacionamento com eles.

Birras, mordidas, roubos e choros infantis

As crianças já começam a ir para a escola mesmo antes de estar preparadas para a convivência escolar. Por conta disso, muitas reações podem surgir. Elas não deveriam ser entendidas como crianças más, porém como crianças que estão reagindo às modificações que lhes são impostas decorrentes da mudança do contexto familiar para o escolar.

Nessas condições, as criancinhas usam o que conhecem, seja porque já usaram em casa, seja porque viram alguém usando. Não usariam caso não conseguissem os resultados esperados. Se, com uma mordida, a criança afasta-se de quem ela não gosta, chama a atenção de outras pessoas ou mostra que não quer ser contrariada nem rejeitada, toma de volta um lugar ou um brinquedo... por que não fazê-lo?

Os professores não deveriam permitir tais manifestações. Não importa se ocorrem na presença ou não dos pais, porque prejudicam a convivência entre todos. Os pais devem ser avisados do que aconteceu, pois isso mostra que ela está sofrendo e fazendo os outros sofrer. À escola cabe tomar medidas que proíbam, inibam ou dificultem tais inadequações. Mas não cabe à escola tratar esses comportamentos. O tratamento é responsabilidade dos pais.

O que pode ser praticado é a "educação a seis mãos", uma medida de educação escolar envolvendo escola, pai e mãe. Cada ponta desse triângulo usa as duas mãos, a da razão e a do afeto. Da mesma forma que a mãe defende a criança, o pai fica bravo com ela; portanto, o ideal é falar com os dois. Nessa conversa, a escola participa aos pais o comportamento não-natural da criança para que eles tomem as medidas necessárias. A indicação de ajuda psicológica por pessoa especializada pode ser a melhor estratégia, pois geralmente os pais já fizeram o que estava a seu alcance. Esse profissional especializado pode orientar os pais e a escola sobre como ajudar a criança enquanto ela lida com os problemas após um bom diagnóstico situacional.

Em casos mais leves, quando as manifestações somente aparecem se a criança ainda está no colo da mãe, mais raramente no do pai, ou ao chegar à escola, trata-se de uma desesperada tentativa da criança de se manter no controle da mãe. Pela prática de lidar com tantas situações semelhantes ou por orientação de um profissional, normalmente a escola possui procedimentos adequados.

De maneira geral, as escolas lidam bem quando esses comportamentos surgem esporadicamente ou

CAUSAS DA INDISCIPLINA DOS ALUNOS

após algum episódio com marcante sofrimento para a criança. Há crianças que se recusam a voltar à sala de aula, ou até mesmo à escola, depois de algum episódio traumatizante. Não seria indisciplina, mas um problema a ser resolvido com a ajuda de adultos.

Síndrome da quinta série

A quinta série atinge os meninões ou garotinhos com 11 anos de idade em plena etapa da confusão pubertária.

Seu córtex pré-frontal dorsolateral, responsável pelo pensamento abstrato, começa a amadurecer. O aluno pode complicar-se quando começam a surgir questões que exigem dele pensamento abstrato, como a matemática, por exemplo, ou maior sentido de organização diante da multiplicidade de matérias e de professores, cada um deles exigindo um tipo de estudo, de caderno, de livro...

Ao final da quarta série, as crianças deixam de freqüentar cursos em que as matérias são poucas, o número de professores é pequeno (geralmente do sexo feminino), nas quais o relacionamento é bastante pessoal (os professores sabem o nome de todos os alunos e conhecem um pouco da vida de cada um).

Nesse momento, as meninas já têm algum pensamento abstrato, e já apresentam grandes modificações corporais. Em regiões mais quentes já ocorrem as primeiras menarcas. Os meninos, porém, ainda estão começando a produzir testosterona, sem, no entanto, terem alterações corporais e muito menos pensamento abstrato. A entrada para o grau escolar mais elevado traz muito mais complicações para meninos que para meninas. Eles podem apresentar distrações, falta de concentração e dificuldade para compreender as matérias e para organizar o material escolar, ao passo que as meninas manifestam maior capacidade de atenção, concentração, compreensão e organização, pois sua mente já está mais desenvolvida.

Do ponto de vista físico, no entanto (as modificações estão ocorrendo no corpo), as meninas sofrem muito, com tonturas, mal-estar, crises de choro por qualquer coisa. Tudo dói e ficam "gemendo" atrás dos adultos. Já os meninos nada sofrem corporalmente – pelo contrário, nem doentes ficam; nunca reclamam de dor porque não querem ser vistos como "maricas".

Antigamente, depois do primário havia o ginásio, no qual se ingressava após um ritual de passagem, tipo vestibulinho: era o exame de admissão para o ginásio. Hoje, o ensino fundamental englobou esses dois estágios numa seqüência única, pela qual os alunos passam dos 7 aos 14 anos de idade.

Com isso, eliminou-se o ritual pubertário que concretizava e comemorava a passagem do estado infantil para o juvenil, conscientizando a criança dessa transformação.

Reações normais tumultuadas atrapalham os professores

O termo "distúrbios normóticos" parece inadequado por abrigar uma contradição: se são distúrbios, como podem ser normais? Refiro-me, aqui, às pequenas alterações de comportamento que são até esperadas em algumas etapas do desenvolvimento adolescente, mas que podem atrapalhar o professor que não tiver conhecimento apropriado do assunto.

Exemplos típicos desse momento são algumas confusões que ocorrem com os jovens da quinta série, oposições masculinas na sétima, brigas corporais na oitava, maior valorização da amizade no ensino médio, sexualidade exuberante no "maremoto hormonal", timidez no estirão, crises de autoridade nas onipotências, expansão do ego, temeridade e ousadia na onipotência juvenil. Todos esses acontecimentos deixam de ser "normóticos", e passam a ser neuróticos, quando os sinais de determinada etapa aparecem em outras, anteriores (adultização) ou posteriores (infantilização).

Mas precisamos ter muito cuidado ao fazer essa avaliação, pois existem fortes variáveis emocionais e psicossociais que individualizam as pessoas e que devem ser consideradas.

Indisciplinas silenciosas: quando não incomodam os outros

Os entupidos e os desligados causam, de maneira geral, menos perturbações na aula. Incomodam menos os professores e podem até passar despercebidos. Costumam sofrer muito mais do que causam sofrimento aos outros. São os tímidos, os esquizóides (aqueles que apresentam tendência à solidão e ao devaneio), os distraídos, os apáticos.

Nesses casos, o professor deve ficar atento para identificar se essas são características constantes de um aluno ou episódios que refletem dificuldades momentâneas. Quando o estudante se prejudica com tais "entupimentos", uma ajuda externa é necessária.

> Não é tarefa do professor tratar o aluno, mas cabe à escola encaminhá-lo a um serviço especializado.

Distorções e oscilações da auto-estima

A auto-estima depende, inicialmente, do amor dos pais ou das figuras que os substituem. Se esses indivíduos apresentarem características pessoais distorcidas, também a auto-estima da criança poderá sofrer distorções.

Muitas dessas distorções nos adultos provocam a mania de príncipe/princesa nas crianças. O filho vive como se não precisasse fazer nada porque tudo é realizado ou lhe é dado gratuitamente. Aos outros, no entanto, custa muito conseguir o que desejam.

Certos pais, por exemplo, educam os filhos para ser príncipes e depois reclamam quando estes não conseguem êxito escolar. A escola, que custa caro aos pais, nada custa a esses filhos. E, afinal, é inútil mostrar contas a príncipes, porque eles não as pagam.

A auto-estima permanece infantilizada. Alimenta-se bem apenas quando ganha algo; caso contrário, o príncipe sente-se desnutrido. Ao sentir-se desnutrido, o príncipe acostumou-se (e foi acostumado) a pedir que o alimentem. Ainda que tenha o alimento à mão, ele não se alimenta sozinho. Não se sente suficientemente forte para ser independente. Sua auto-estima precisa ser servida.

CAUSAS DA INDISCIPLINA DOS ALUNOS

> O príncipe pode ser uma criança saciada, mas não
> será uma criança feliz. A saciedade vai para o corpo,
> mas a alma continua desnutrida, portanto, infeliz.

Distúrbios comuns da auto-estima são a perda de
limites, a autodesvalorização, o excesso de auto-
-estima, o ego inflado, o ego murcho, o pretender fazer algo e não seguir adiante.Tais problemas conduzem à indisciplina e à falta de respeito pelas pessoas
ou bens alheios e têm se tornado muito sérios nas últimas duas décadas.

Muitos distúrbios de conduta e a inconstância
dos alunos são causados por oscilações da auto-
-estima. Ou porque ela está alta demais e ultrapassa
os limites estabelecidos, ou porque está baixa demais
e nem sequer se manifesta, seguindo a massa reinan-
te. E o jovem acaba fazendo o que todos fazem.

Assim, tanto para a alta como para a baixa auto-
-estima, a indisciplina está presente. Quem tem auto-
-estima saudável é seguro o suficiente para respeitar
os outros e para ser respeitado por eles, pois se comporta como lhe diz a sua própria consciência ética.

Problemas de relacionamento

Esses são os distúrbios mais difíceis de diagnosticar, pois
dependem das interações relacionais comportamentais,
que, por sua vez, são condicionadas por estímulo e resposta. Às vezes, é muito difícil estabelecer num relacionamento "quem" realmente começou, pois sempre o
agente de um comportamento pode alegar que reagiu em
virtude de um estímulo anterior (imediato ou remoto).

Raramente uma professora consegue descobrir qual dos alunos começou a briga. Ambos argumentam que foram provocados antes – se não no momento da discussão, então no dia anterior. Muitas vezes, referem-se até mesmo a fatos ocorridos anos antes. Nessas horas, o diálogo básico, em geral, não foge muito do exemplo:

— Professora, olha ele! Está batendo em mim. Aaai!
— Você não tem jeito mesmo! Pare de bater na sua colega!
— Mas é ela que está me provocando, 'fessora.
— Pare de provocar seu colega!
— Mas eu não estou fazendo nada...

A situação tende a piorar se a professora não interferir energicamente:

— Parem, vocês dois!

Esses comportamentos são relacionais porque surgem de acordo com os envolvidos no relacionamento. Um aluno pode reagir de diferentes maneiras, dependendo das atitudes do professor ou do seu modo de fazer um pedido.

No exemplo da briga em classe, talvez cada um agisse diferentemente, conforme as atitudes tomadas pela professora.

Brigas entre colegas

Na escola, a criança recebe novos estímulos relacionais de forma muito mais intensa que dentro de casa

– local a que já está acostumada. Cada um dos colegas pode estimulá-la em pontos que ainda não foram desenvolvidos em casa.

> Quanto menos integrada e mais alterada ou mais frágil psicologicamente a pessoa estiver, mais problemas encontrará na convivência escolar.

Filhos únicos estão pouco acostumados a dividir espaços, atenções, a emprestar suas coisas e a pedir emprestadas as dos outros. Tendem a tornar-se egocêntricos e egoístas; tentam também transformar neuroticamente a escola numa continuação da sua casa, querendo a exclusividade das "tias", da mesma forma que os pais são exclusivamente seus. Tendem a apresentar problemas de relacionamentos grupais, nos quais podem perder o controle (posse) na relação com as pessoas. Quem, no entanto, nasceu numa família grande, com muitos irmãos, já começa a vida comunitária dentro da socialização familiar. Essas crianças adaptam-se mais facilmente à escola.

Crianças com dificuldade para superar ciúmes, rivalidades, competições, rejeições e agressões podem apresentar distúrbios comportamentais ao relacionar-se com os colegas. Caso esses problemas permaneçam, pode ser necessário solicitar ajuda externa.

Bullying e *cyberbullying*

Certos alunos juntam-se para rejeitar ou agredir um colega que é diferente dos demais. Em geral, o agredido é mais frágil que os outros e não tem condições de defender-se sozinho na hora. O termo *bullying* vem do verbo inglês *bully*, que significa intimidar, tiranizar.

O doutor Cláudio Pawel, em sua monografia para titulação como terapeuta de aluno pela Federação Brasileira de Psicodrama, cita o fenômeno conhecido como *bullying*: "Não é uma violência explícita de alta periculosidade, mas de agressividades menos ostensivas, toleradas socialmente". São "atitudes hostis repetitivas, por exemplo, entre colegas de classe, motivadas por diferenças culturais, raciais, sociais, características físicas etc."

Atingidas cronicamente, as pessoas acabam se isolando, com sua auto-estima rebaixada e com tendências a abandonar a escola – em casos mais graves, com tendência ao suicídio.

> Da mesma forma que a mãe tem de interferir para ajudar o filho mais frágil, o professor também deve intervir para proteger o aluno mais fraco.

Quando o professor não toma nenhuma atitude, os estudantes podem interpretar o fato como aprovação, e a situação tende a se agravar. Além disso, esperar que o frágil aluno reaja por conta própria, que enfrente uma gangue sozinho, é sonhar acordado.

Com freqüência, o aluno indefeso possui distúrbios (ou diferenças) de comportamento: isolamento, choro fácil, dificuldade de reagir à provocação, maneirismos, deficiências ou anormalidades físicas, auditivas, visuais e de fala. Pode ser rejeitado, também, em virtude da cor da sua pele, da sua etnia ou religião.

CAUSAS DA INDISCIPLINA DOS ALUNOS

Sobretudo nesses casos, os professores devem aproveitar a oportunidade para ensinar os alunos que o respeito humano é ingrediente indispensável à convivência universal. Para diminuir o sofrimento na adaptação escolar, é muito importante que os pais e o filho sejam orientados psicologicamente.

> Nem sempre o estudante frágil é assim em casa, principalmente por dois motivos: na família ele está bastante protegido e todos se adaptam ao seu jeito de ser.

Os professores devem ficar atentos a mais uma possibilidade: às vezes, os distúrbios não existem exclusivamente em relação aos colegas, mas têm como objetivo tumultuar a aula, provocar o professor ou mesmo conturbar o ambiente escolar.

Nesses e em outros casos, não convém expulsar ninguém da sala de aula. O melhor é encaminhar o aluno à orientação escolar. Além de não trazer benefícios, a expulsão da aula pode contribuir para o agravamento do problema.

O *bullying* só é interrompido pela interferência de pessoas que tenham autoridade sobre seus praticantes. O professor, ou o próprio diretor, deve interferir tornando o *bullying* passível de punição, e trazer à tona esse mecanismo feito mais às escondidas que exposto à grande maioria, para que todos fiquem cientes e sejam mobilizados a interferir e interromper cada vez que perceberem intimidação, abuso, violência e/ou aterrorização.

O enfrentamento do *bullying*, além de ser uma medida disciplinar, também é um gesto cidadão tremendamente educativo, pois prepara os alunos para a aceitação, o respeito e a convivência com as diferenças.

A internet, praticamente ao alcance de todos os alunos, é muito usada para se marcarem encontros, passeios, comemorar datas, e até mesmo para a prática do *cyberbullying*. A internet, por si só, é um veículo que pode ser usado para o bem ou para o mal, conforme seus usuários.

O *cyberbullying* é o *bullying* praticado pela internet, bastante comum em MSN, blogs e fotologs. Cada vez com mais freqüência pode ser usado no site de amizades, o Orkut.

Uma vez detectada a existência do *bullying*, é preciso que os responsáveis, pais e professores, rastreiem a internet usada pelos alunos. Aqueles que fazem mau uso da ferramenta deveriam ser fortemente advertidos. A permanência nesse tipo de uso deveria fazê-los perder alguns outros privilégios bem como assumir a conseqüência de se retratarem através dos mesmos caminhos usados para a prática do *bullying*.

Castigos, surras, punições simplesmente não educam. É preciso que os praticantes do *bulliyng* arquem com as conseqüências dos seus atos, isto é, desfaçam com as suas próprias mãos e esforço pessoal o mal que causaram.

Às vezes, os pais, por quererem poupar os filhos, num gesto de amor (e também de comodismo), podem propor pagamento ou o uso dos seus funcionários para construir o que os filhos destruíram. Tais gestos não são educativos, pois não desenvolvem a responsabilidade sobre os próprios atos, e, para piorar, estão alimentando a delinqüência social.

Violência

A violência é uma semente colocada na criança pela própria família ou pela sociedade que a circunda. Se ela encontrar terreno fértil dentro de casa, se tornará uma planta rebelde na escola, expandindo-se depois em direção à sociedade. A agressividade faz parte dos recursos de defesa e/ou ataque de qualquer ser humano praticamente desde o nascimento. A violência é o descontrole da agressividade.

Quando os pais deixam o filho fazer tudo o que deseja, sem impor-lhe regras ou limites, ele acredita que suas vontades são leis que todos devem acatar. Então, se um dia alguém o contraria, esse filho pode tornar-se, num primeiro momento, agressivo, mas depois parte para a violência, exigindo que se faça aquilo que ele quer. É o filho supermimado, que ao ir para a escola crê que todos devem atendê-lo como já está acostumado em casa. Mais que ter aprendido a realizar suas próprias tarefas, esse mimado pode gastar suas energias em querer impor aos outros que realizem o seu próprio desejo. Como essas pessoas não são seus pais, não irão atendê-lo.

Não ser atendido nos seus mais íntimos desejos faz com que o mimado se torne na escola inicialmente agressivo, depois violento com colegas ou professores. Isso demonstra quanto um mimado pode ser incompetente para a vida e quão baixa sua auto-estima está. Um aluno com auto-estima normal aceita que os outros tenham vida própria e que não precisem ser seus escravos.

Em outro extremo, há os pais violentos. Na verdade, esses pais não estão educando seus filhos, mas ensinando-os a ser violentos. O filho não conhece os níveis normais de agressividade. Para ele, a violência é o recurso para vencer qualquer contrariedade. Seu corpo acostuma-se a reagir automaticamente de modo violento.

Toda criança agressiva traz dentro de si a agressão, ativamente (sendo agressiva) ou passivamente (sendo agredida). Freud dizia que todo censor traz um obsceno dentro de si.

Em ambos os casos, filhos mimados ou agredidos, a escola é uma segunda chance educativa antes de irem para o meio social, onde as regras seguem teoricamente a lei; portanto, são mais severas que os procedimentos escolares.

Um dos procedimentos mais adequados que a escola pode tomar com alunos violentos é a educação a seis mãos (as mãos do afeto e da razão do pai, da mãe e da escola). Todos voltados para um projeto de reeducação, contando com a ajuda de um profissional especializado, trabalhando no princípio educativo da coerência, constância e conseqüência.

Disputas no tapa

O professor pode estimular a rivalidade e a competição entre os alunos para melhorar o aprendizado, mas jamais deve permitir que discutam de forma destrutiva. A discussão acalorada pode ser educativa desde

CAUSAS DA INDISCIPLINA DOS ALUNOS

que a possibilidade de aprendizagem supere a de destruição. Para tanto, o professor deve deixar bem claros os limites e as regras da competição e cuidar para que sejam respeitados.

> Qualquer briga em classe, verbal ou corporal, deve ser impedida.

Há etapas do desenvolvimento da adolescência em que o corpo se torna muito suscetível. Qualquer esbarrão pode ser entendido como provocação irresistível e culminar em uma bela briga. Enquanto a briga se mantiver no plano verbal, geralmente os envolvidos ainda conseguem ouvir alguém que procure acalmá-los. Uma vez no plano físico, pouco adianta falar ou gritar com eles. Muitas vezes, é preciso intrometer-se fisicamente para separar os alunos que estão brigando.

Alguns adolescentes são bastante territoriais, isto é, "donos do pedaço". Geralmente tais territórios são defendidos pela turma toda, podendo gerar grandes conflitos entre turmas. Nesses conflitos a violência rola solta, inclusive com o uso de armas que vão de estilete, canivete, soco inglês, bastão de beisebol até revólver.

Mas o motivo da briga pode ser ideológico, como é a briga entre torcidas de diferentes times. Só o fato de um torcedor vestir a camisa de um time adversário pode ter o sentido de provocar a torcida rival. Mesmo que não tenha esse sentido, ele pode ser tomado pelos inimigos como um "folgado" que os está provocando. Portanto, ele tem de "apanhar" para aprender a ficar "esperto".

Tais brigas também podem acontecer entre alunos de uma mesma escola por questões internas, bem como entre alunos de escolas "inimigas" que estão fisicamente próximas. O que funciona nessas brigas é o espírito de bando, no qual cada aluno comete atrocidades e diz "coisas" que, sozinho, não faria nem diria. É a ação do grupo sobre o indivíduo. Essas brigas começam geralmente entre os indivíduos que desaparecem quando os grupos entram em ação.

Portanto, as pequenas discussões e os tapinhas iniciais devem terminar onde começaram para não progredir e envolver os mais chegados, assumindo proporções incontroláveis. Apagar um pequeno fogo é muito mais fácil que combater um incêndio.

Nem sempre é possível descobrir o principal responsável pelas brigas, seja durante ou depois dela. O histórico escolar de cada aluno pode auxiliar um pouco. Como regra, é bom que a medida adotada pela escola, punitiva ou não, seja aplicada a todos os envolvidos.

Mesmo que a briga seja transferida para fora da escola, ainda assim deve ser impedida. A jurisdição escolar abrange *quinhentos metros* além dos muros da instituição. Já é uma boa distância para os alunos percorrerem e, algumas vezes, suficiente para arrefecer possíveis animosidades. Entretanto, a emoção não respeita limites escolares. Uma briga, para escapar de complicações com a diretoria, pode começar na classe e consumar-se na rua.

CAUSAS DA INDISCIPLINA DOS ALUNOS

Vandalismo

Vandalismo é a violência contra propriedades, principalmente públicas e/ou alheias, importantes por uso, história, afeto, economia, decoração ou até mesmo pelo simples fato de existirem.

Se um filho pequeno simplesmente não cuida dos próprios pertences em casa, ele está sendo mal-educado. Não está sendo preparado para se responsabilizar pelos próprios pertences quando estiver fora de casa. Não só não se pode permitir em casa o que não se pode fazer lá fora como também se deve praticar em casa o que vai ter de fazer fora dela. Essas são as bases fundamentais da *educação de quem ama, educa!*

Como o mesmo filho, já adolescente, vai não vandalizar, cuidar do que nem lhe pertence, se nem mesmo dos próprios pertences aprendeu a cuidar? Mas o ser humano tem a maravilhosa propriedade de poder aprender sempre. Torna-se um pouco mais trabalhoso aprender na adolescência o que não se aprendeu na infância, mas não é uma tarefa impossível. É mais fácil criar um comportamento novo que corrigir um já estabelecido.

Os alunos chegam à escola cada um à sua maneira, como foram educados ou não em casa. A escola tem a obrigação ética de não permitir que seus alunos sejam vândalos. Se um aluno vandaliza um ambiente que ele mesmo freqüenta praticamente todos os dias, o que ele não faria num lugar em que estivesse somente de passagem, onde não houvesse pessoas vigiando?

Uma pessoa, após assistir a uma de minhas palestras, me contou que viu na cidade de Curitiba dois jovens lavando um orelhão sob a vigilância de policiais.

Disciplina: Limite na medida certa

Há mais de dez anos que venho divulgando que os métodos tradicionais – prisão, multas, surras etc. – usados para punir transgressores de um modo geral têm pouco resultado. O que tem dado melhores resultados é o aplicar as conseqüências, isto é, reparar com as próprias mãos os danos provocados.

Com certeza, os dois jovens mencionados acima foram pegos quando pichavam o orelhão. O que lhes faltou foi cidadania, educação. Sabiam que estavam vandalizando, provavelmente já o tinham feito outras vezes, mas ficaram impunes, o que os levou a acreditar que poderiam continuar pichando.

Pais que pagam as multas referentes aos atos de vandalismo praticados pelos filhos ou que mandam seus funcionários reparar o que eles estragaram não os estão educando, pois eles não têm de assumir as conseqüências dos seus atos.

Acredito que os rapazes que queimaram o índio pataxó Galdino, que estava dormindo num banco em Brasília, teriam aprendido mais sobre as conseqüências do seu ato se, em vez de irem para a prisão, tivessem sido sentenciados a trabalhar em um hospital de queimados, fazendo-lhes curativos, conversando com eles. Talvez assim os rapazes sentiriam na própria pele as queimaduras que mataram o Galdino.

Ofender, segregar, agredir, roubar ou destruir materiais (da escola, do professor, ou mesmo do colega), pichar muros, paredes e soltar bombas no banheiro são comportamentos que as instituições de ensino em geral não deveriam admitir.

CAUSAS DA INDISCIPLINA DOS ALUNOS

[Aluno que não respeita os outros, precisa ser educado ou ser tratado.]

A educação cabe aos pais e à escola. O tratamento cabe aos pais e ao profissional de saúde. Um aluno que "apronta" e fica impune infringe regras e fere os direitos dos outros alunos. Muitas vezes, mais vale um limite bem demarcado que todo o esforço psicológico para tentar entender os problemas do aluno.

Depredações e vandalismo dos não-alunos da escola

É público e notório que a maioria das escolas públicas municipais e estaduais têm seus muros pichados, seus vidros quebrados, e não raro são invadidas para serem depredadas e roubadas, numa gritante manifestação de falta de respeito à casa da educação, um bem público.

Em 16 de abril de 2001, apresentei ao Secretário Municipal de Educação de São Paulo um projeto-piloto com o objetivo de integrar a escola à comunidade. A intenção era fazer a própria comunidade cuidar da escola.

A escola é depredada e vandalizada porque é vista como estranha à comunidade, porque lhe é fechada e trancada. Funciona como um corpo estranho a um organismo vivo, e este tenta eliminá-lo. Portanto, se a escola fosse, de fato, um filho adotivo da comunidade, passaria a lhe pertencer. A comunidade cuida do que lhe pertence.

A estratégia para atingir esse objetivo é abrir a escola nos finais de semana, ou nos dias em que tradi-

DISCIPLINA: LIMITE NA MEDIDA CERTA

cionalmente fica fechada, para usufruto da própria comunidade ao redor. O uso seria administrado por uma equipe formada por líderes da comunidade, professores ou funcionários, com o requisito básico de residir na comunidade.

As atividades realizadas seriam as escolhidas pela comunidade, que compreenderia desde jogos esportivos, campeonatos das mais variadas modalidades, com premiações, cursos rápidos para técnicos, conforme a demanda, até a prestação de serviços com cobrança de taxas simbólicas – mínimas –, para manutenção dos gastos e desgastes da escola.

Prêmios e contribuições materiais seriam fornecidos pelo comércio local, com o direito de estes ganharem o selo da Integração Escola-Comunidade e homenagem em comemorações festivas.

Ofereci ao Secretário a minha equipe, formada por psiquiatras e psicólogos, para trabalhar gratuitamente durante um semestre com uma escola-piloto. O projeto seria ampliado até atingir todas as escolas municipais, num total aproximado de 900 escolas, envolvendo cerca de 900 mil alunos, além dos não-alunos da comunidade.

Com certeza, as depredações, os atos de vandalismo e de violência diminuiriam com esse projeto, pois o ser humano tende a proteger quem ele conhece e por quem é conhecido. O risco diminui muito mais se há relacionamentos e participações conjuntas em atividades integrativas.

Não tendo recebido nenhum retorno do senhor Secretário, e por acreditar piamente nos benefícios desse projeto de integração escola-comunidade, apresentei-o em 29 de agosto de 2001 ao governo do Estado de São Paulo, representado pela primeira-dama do estado, Dona Maria Lúcia Alckmin, e pelo então coordenador da Campanha de Solidariedade, Sr. Gabriel Chalita.

Vi com satisfação que boa parte do projeto foi aproveitada pelo governo, que o incluiu no projeto Família na Escola. Os resultados esperados não tardarão a aparecer.

No lugar das escolas se fecharem somente com seus alunos e com temor se defenderem contra a comunidade, é necessário que elas abram suas portas e se transformem em espaços comunitários, promovendo ações solidárias intracomunitárias.

Os benefícios serão inúmeros, e o que primeiro aparece é a diminuição radical do vandalismo e das depredações.

Uso de drogas

São graves as alterações apresentadas pelos alunos em razão do uso de drogas: álcool, maconha, *crack*, cola de sapateiro, benzina, fluídos de isqueiro, anabolizantes, medicamentos psicotrópicos etc.

Geralmente o usuário, no início, consegue esconder o vício das pessoas de sua casa e dos professores, mas não faz muita questão de ocultá-lo de amigos e colegas. Alguns chegam a fazer alarde do uso para sua turma ou mesmo na escola.

> Quando um estudante chega à aula drogado, é porque já perdeu o controle do uso há algum tempo. Como já não lhe é suficiente usar apenas fora, acaba drogando-se durante o período escolar.

DISCIPLINA: LIMITE NA MEDIDA CERTA

Se o aluno chega drogado à sala de aula, é porque já está se drogando em casa ou está prestes a fazê-lo. Se os pais ainda não perceberam a situação, pode ser que ele esteja utilizando a droga quando não há ninguém em casa, ou dentro do próprio quarto, a portas fechadas, escondido da família. Quando os adultos estão em casa, esses jovens "dão uma saída", aparentemente sem motivo, e vão drogar-se a poucos metros dali.

É praticamente impossível para um professor não perceber que há na classe um aluno alterado por estar bêbado, drogado, agitado ou sonado. Assim, quando notar alguma alteração de comportamento, ele tem a obrigação de comunicar o fato aos canais competentes, seja o diretor, o coordenador ou o orientador da escola. Não cabe ao professor investigar o motivo da alteração. Essa não é sua função em classe.

> Seja professor, seja aluno, quem não estiver em condições de permanecer na aula não pode participar dela. Uma pessoa drogada, sob os efeitos químicos da droga, está fora das condições normais de funcionamento mental.

Mesmo o aluno que não está incomodando porque está dormindo não deveria permanecer na sala de aula por causa da visível falta de condições para participar dela ativamente. Por sua vez, cabe à escola levar o problema ao conhecimento dos responsáveis pelo aluno; e cabe à família tomar as providências necessárias para resolvê-lo.

CAUSAS DA INDISCIPLINA DOS ALUNOS

> A simples retirada do estudante da classe não resolve o problema. Mas o professor pode (e deve!) encaminhar esse aluno aos seus orientadores.

Porém, não adianta o professor fazer sua parte se a orientação escolar não fizer a dela: verificar se os pais ou responsáveis tomaram alguma providência, qual foi a medida escolhida, acompanhando a evolução do tratamento por meio da observação mais apurada do comportamento do aluno em questão. Nesses casos, é importante a escola entrar em contato com o profissional encarregado do tratamento e vice-versa. Como o problema do estudante foi detectado na escola, ela tem mais condições que a família de avaliar sua evolução.

Na maioria das vezes, os procedimentos que a escola toma ou deixa de tomar com um aluno que usa drogas chegam ao conhecimento dos outros alunos, principalmente dos que estavam nas mesmas condições do estudante em questão. Portanto, a medida tem de ser exemplar, não pela expulsão do aluno, mas pelos cuidados educativos com a inclusão dos seus pais. Medidas tomadas pelas escolas que não envolvam os pais têm, em geral, pouquíssima eficiência.

É importante que a escola ajude a preparar o futuro cidadão com valores internos bem estabelecidos para que não se deixe levar pelo imediatismo, irresponsabilidade, hedonismo, pirataria, dependência, vulnerabilidade e estados de alteração biopsicossocial que podem levar ao uso de drogas.

Álcool

A bebida alcoólica é uma presença muito comum entre os jovens. Atualmente, qualquer família de classe média tem seu barzinho instalado num lugar especial, quase como se fosse um oratório. O mais vetusto professor, em sua casa, transforma-se num solícito *barman* para as visitas.

A propaganda de bebidas alcoólicas explora ao máximo a imagem do jovem que bebe e se sente livre e feliz. O jovem que assiste aos comerciais de cerveja pensa que cerveja é refrigerante. Já atendi a jovens que diziam que não bebiam, "só tomavam cerveja", acreditando que esta não era alcoólica. (Apesar de existir cerveja sem álcool, não era a esta que eles estavam se referindo.)

Os jovens são muito gregários, e o que um faz, os outros acompanham. É importante um debate aberto como forma de papo solto para trocar idéias em sala de aula com os alunos sobre os comerciais veiculados. Como pautas provocativas desse debate, muitas questões podem ser levantadas pelo debatedor:

- Abre-se sempre uma garrafa nova, o que acontece com o que sobra na garrafa?
- Aparece sempre o copo cheio de chope, o que acontece com o que fica no copo? Não é comum virar todo o copo de uma só vez...

CAUSAS DA INDISCIPLINA DOS ALUNOS

- Aparece alguém embriagado? Brigando? Vomitando? Tropeçando nas palavras? Roupas totalmente desarrumadas? Falando mole? Com olhos de tartaruga?
- Aparece algum acidente de carro?
- Aparece alguém sendo atendido no pronto--socorro?
- Quando os pequenos grupos de alunos bebem cerveja no bar da esquina, sentados de dia, em torno de mesas de metal estampadas com propaganda de cervejas, eles estão no mesmo clima de festa mostrado nos comerciais?
- Por que há pessoas sozinhas, em dupla e até mesmo três pessoas bebendo cerveja durante o dia? O clima é o mesmo?

O organismo humano pode absorver uma pequena quantidade de álcool sem se prejudicar. As bebidas podem ser sorvidas e apreciadas enquanto ainda se sente o paladar e enquanto não surgem os sinais de alterações físicas, psicológicas ou comportamentais.

> Se não há como evitar o contato dos alunos com bebidas alcoólicas, é melhor ensiná-los a administrá-las.

O ponto central é a pessoa perceber seu limite particular, isto é, saber quanto pode beber e, conseqüentemente, quando parar. O importante é nunca beber depressa. As alterações surgem quando o álcool chega ao cérebro. Ao beber rapidamente, o cérebro logo é atingido por grande quantidade de álcool, e

Disciplina: Limite na medida certa

desse modo o indivíduo perde o controle sobre a quantidade que será ingerida a partir desse momento. Assim que surgem, as alterações tendem a piorar, pois ainda há álcool no tubo digestivo para ser absorvido e inundar ainda mais o cérebro.

Alguns jovens bebem antes de ir às festas para lá chegarem desinibidos, soltos, alegres. O álcool é sempre depressor. Tal euforia é conseqüência da depressão do superego, responsável pela censura e adequação dos nossos comportamentos instintivos e/ou inadequados. O suicídio em pessoas não-psicóticas é praticado, na maioria das vezes, por indivíduos alcoolizados. O álcool é a principal causa das brigas e dos atos de violência em casas noturnas e em aglomerações de jovens. Segundo Daniel Goleman, 90% dos estupros ocorridos entre universitários norte-americanos são praticados por pessoas alcoolizadas.

Direção e álcool não combinam. Grande parte dos acidentes de automóvel, muitos deles fatais para motoristas, acompanhantes e pedestres, é causada por jovens embriagados ao volante. O álcool deprime os reflexos e a percepção de tempo e espaço, deixando solta a onipotência juvenil. As estatísticas têm demonstrado que esse tipo de acidente cresce a cada ano, apesar de todas as campanhas esclarecedoras veiculadas na televisão. Mas essas campanhas nem de longe são acompanhadas pelos jovens. Afinal, com eles nunca acontecerá nada de grave, como dizem os onipotentes juvenis.

As pesquisas de um modo geral têm mostrado jovens usando álcool já na puberdade, isto é, com 12 ou

13 anos de idade. Cada vez mais atendo jovens do ensino médio já alcoólatras.

Entre os universitários, nas semanas dos jogos, há exageros no consumo de álcool. Um universitário me disse que o orgulho deles seria beber toda a cerveja existente na cidade escolhida para sediar os jogos. Talvez o "beber mais" entrasse como um jogo extra-oficial, praticado em torno de mesas onde se acumulam as garrafas vazias de cerveja. Não se bebe mais somente pelo prazer de beber. Bebe-se também para aparecer, competir, aprontar...

Cigarro e maconha

Não se deve julgar as pessoas de forma preconceituosa por causa de tatuagens, cabelo, *piercings*. Existem alunos bem trajados, asseados e penteados com personalidades problemáticas. Não se iluda: o fato de ser conservador no modo de vestir-se e de se pentear não impede o jovem de tornar-se usuário de drogas.

Pessoas que quebram o conservadorismo dos costumes vigentes também podem quebrar outros costumes em relação ao comportamento. Quem deixa os cabelos crescerem num contexto avesso a isso também pode atrever-se a usar drogas num meio mais conservador. No entanto, o cabeludo e o tatuado, com ou sem *piercings*, já foi um estereótipo do jovem que se drogava na década de 1970 até meados de 1990. Hoje essa imagem remete simplesmente a questões de moda, estilo e classe social.

Há pessoas que são conservadoras em relação a algumas questões e transgressoras em relação a outras. Oitenta por cento dos fumantes de maconha começaram com o tabagismo. Ao utilizar o cigarro, quebraram as bases elementares da autopreservação. Dessa forma, protegem-se menos de outros agravantes, como a maconha, por exemplo. Escolas que permitem o cigarro terão (se é que já não estão tendo) sérios problemas com a maconha.

> Fumar na escola, principalmente em sala de aula, é proibido por lei. O professor que fuma em classe é o primeiro a transgredir a lei, e isso autoriza os alunos a fumar.

Coitados dos outros estudantes, que não suportam cigarro: serão transformados em fumantes passivos, pois nosso pulmão não seleciona o ar que aspira. Além disso, terão atropelada sua liberdade e sua saudável e adequada opção de não fumar.

> Professor não deve fumar em sala de aula não só em respeito à lei, mas pelo poder aliciante que o ato de fumar tem sobre alunos não-fumantes – e pelo poder estimulante que exerce sobre os fumantes.

Uma das maneiras de a escola enfrentar o problema do cigarro é designar uma área fechada (preferencialmente uma saleta sem janelas, um pequeno e desagradável fundo de corredor, com cinzeiros repletos de tocos de cigarros) somente para uso dos fumantes viciados, num gesto nítido de segregação. Tais ambientes refletem o que ocorre nos pulmões dos fumantes crôni-

CAUSAS DA INDISCIPLINA DOS ALUNOS

cos. Com essa medida, a escola respeita a saúde dos não-tabagistas, uma vez que a fumaça física, concreta, não obedece a limites psicológicos, abstratos.

É interessante notar como os jovens entram no tabagismo. Filhos de pais tabagistas fumam mais que filhos de pais não-tabagistas. Os iniciantes ou tabagistas moderados normalmente escondem o cigarro e seu uso dos pais, mas o exibem aos colegas nas escolas permissivas. Portanto, para eles, tais instituições de ensino funcionam como estimulantes do ato de fumar.

Entre os adolescentes existe a contaminação de comportamento. Na busca de seus próprios valores, alguns adolescentes fazem o que não seria necessário, despindo-se dos valores familiares recebidos. Dessa maneira, faz-se necessária a busca de novos valores, o que acaba lhes permitindo experimentar muitas coisas, principalmente o que os amigos fazem.

A maconha é proibida por lei, e está comprovado pela medicina e pela psicologia que faz mal à saúde. Portanto, qualquer escola tem como obrigação lutar contra o seu uso. Se alguém for surpreendido fumando maconha ou sob seus efeitos, a escola deve tomar atitudes: conversar com o aluno, chamar os pais ou os responsáveis e, numa reunião em que o estudante esteja presente, decidir com eles o que será feito.

É importante convocar os pais quando a escola descobre que um aluno está portando ou usando drogas, ou está freqüentando a escola sob seus efeitos. Isso favorece o tratamento, que será mais eficiente quanto mais rápida for a intervenção.

Geralmente os pais descobrem que o filho está fumando maconha somente um ou dois anos depois que ele começou. É muito tempo – e tempo é o que não se pode perder nesses casos.

A escola não é clínica de tratamento de usuários de drogas, mas ela pode, e deveria, ensinar sobre drogas, e pode, e deveria, ajudar na prevenção; porém, quem se encarrega de providenciar o tratamento é a própria família. A escola limita-se a acompanhar, a observar se o aluno voltou a fumar maconha. Teoricamente não se deveria expulsar um usuário de maconha a não ser que ele(a) fosse comprovadamente também um líder aliciador do seu uso ou traficante.

> Como a maioria dos fumantes de maconha também é tabagista, a escola que permite o consumo de tabaco favorece o consumo de maconha.

Há muitos anos denuncio o método capilar de tráfico de maconha e da forma como o jovem a procura. Em geral, todo usuário de maconha é um minitraficante e um aliciador. Minitraficante porque é ele quem leva a maconha para o amigo, para a classe, para a escola ou para sua própria casa, consumindo-a dentro do seu quarto. (Essas tarefas são pouco rendosas para o grande traficante.) E aliciador porque o usuário oferece, como num ritual em nome da amizade, a maconha que está fumando para quem estiver interessado nela.

No meu livro *Anjos caídos* escrevo sobre o uso da maconha, seus sintomas, efeitos e disfarces de uso;

quando, onde, como, com quem usa; o perfil do usuário com seus argumentos a favor; os procedimentos adequados ao tratamento e/ou prevenção em casa e na escola – questões que não poderei retomar agora, mas que são importantíssimas.

Existe uma associação entre o uso da cerveja e da maconha. A maconha é fumada às escondidas; a cerveja é consumida ostensivamente. Muitos não se dão com essa combinação, mas há os que secam a boca com a maconha e molham-na com a cerveja.

Essa combinação de maconha e cerveja é perigosa, pois a cerveja pode estimular o cérebro a ser impulsivo, violento, a não medir conseqüências, e a maconha pode fazer a pessoa diminuir o controle motor dos seus movimentos, provocar lentidão no raciocínio e no tempo estímulo-resposta.

Já atendi a pessoas que beberam cerveja, fumaram maconha e foram dirigir. Sofreram acidentes com perdas totais dos carros, mas conseguiram salvar-se. O interessante é que não se lembram de nada. O cérebro dessas pessoas não registrou os atos de pagar a conta, despedir-se, entrar no carro, dirigir um bom pedaço ou mesmo de como foi o acidente. Elas só se lembram de já estarem no hospital, sendo socorridas, ou de acordarem no hospital depois de atendidas. Algumas se lembram do momento em que saíram do carro já totalmente acidentado.

Inalantes (solventes) domésticos e portáteis
Os inalantes ou solventes são produtos químicos usados para alterar o estado físico e mental do usuário.

De início, são as drogas mais escolhidas pelos estudantes em geral, pois surtem efeito bastante rápido, além de terem baixo custo, serem de fácil aquisição e de seu porte ser legal.

Seus efeitos agudos dependem da quantidade usada, indo desde a excitação inicial (euforia, tonturas, perturbações auditivas e visuais mais náuseas, tosse, vermelhidão no rosto), passando para depressões progressivas, partindo da fraca (confusão, desorientação, visão atrapalhada com dor de cabeça e palidez), passando pela média (baixos reflexos, perda de coordenação ocular e motora), chegando à profunda (perda de consciência e convulsões). Depois do uso, vem a embriaguez pelo inalante.

O maior perigo é a morte súbita provocada pelo inalante, geralmente por arritmia cardíaca e morte acidental em conseqüência da sufocação em saco plástico, aspiração de vômitos, cair desmaiado com o nariz em cima do solvente. Os produtos inalantes usados são benzina, *tinner*, gás de botijão, cola de sapateiro, verniz, tintas, fluidos de isqueiro, combustíveis, aerossóis, esmaltes etc.

Torna-se fácil perceber um aluno sob efeito de inalantes quando o uso é grande, pois ele fica fisicamente alterado. Entretanto, quando a quantidade inalada é pequena, o efeito vem como se ele estivesse alegre, loquaz e expansivo, a ponto de prejudicar o andamento da aula e/ou atrapalhar o colega. É diferente da alegria fisiológica, pois sendo de base química, fica fora do controle do usuário.

O interesse em mostrar aqui os sintomas e sinais do uso de inalantes é no sentido de facilitar a tarefa dos educadores de identificar as causas das indisciplinas nas escolas. Um fator muito forte para o diagnóstico é o cheiro do inalante usado, que vem com a expiração forçada. As moléculas do inalante vão até o pulmão e são eliminadas aos poucos. Geralmente os cheiros ficam por mais tempo que os sintomas.

Distúrbios e transtornos pessoais

Distúrbios psiquiátricos
Na presença de distúrbios psiquiátricos, os comportamentos provêm de uma psicose (maníaco-depressiva, esquizofrenia, paranóias etc.) e independem do meio. O psicótico elabora qualquer estímulo recebido conforme sua patologia e reage de maneira inadequada. Por exemplo: se o professor pede silêncio à classe toda, o psicótico interpreta o pedido como uma perseguição exclusiva à sua pessoa e reage (às vezes, até com agressões físicas). Os auto-referentes podem agredir duas pessoas que estavam cochichando por julgar que estavam falando mal deles. Os maníacos não conseguem ficar em silêncio porque estão submetidos a uma agitação psicomotora psicótica que não tem como ser controlada.

Tais distúrbios psicóticos decorrem de alterações que escapam da vontade e são incontroláveis. São mais fortes que as normas ditadas pelo ambiente. Surgem de modo abrupto ou insidioso, em qualquer lugar e de maneira inesperada, transformando totalmente a personalidade da pessoa afetada e surpreendendo as demais.

O próprio psicótico não consegue avaliar as dimensões de sua inadequação. Pelo contrário, tem plena convicção (delirante) de que está absolutamente certo. O que precisa ser feito é encaminhar o problema à orientação ou à direção da escola para que a família seja convocada e esclarecida quanto à necessidade de um tratamento psiquiátrico para aquele aluno.

Distúrbios neurológicos

HIPERATIVIDADE E DÉFICIT DE ATENÇÃO

Distúrbios neurológicos são sintomas decorrentes de epilepsia ou de outros transtornos, como o Transtorno ou Distúrbio do Déficit de Atenção e Hiperatividade (TDAH ou DDAH). Seus portadores são, tradicionalmente, inteligentes, agitados, apressados, impulsivos, inquietos, com muita iniciativa e pouca "acabativa". Acelerados, terminam as tarefas antes dos outros e, como não agüentam esperar, acabam tumultuando a aula. Essas pessoas agem desse modo em qualquer lugar, portanto, é fácil identificar o problema. Basta observá-las no recreio, na fila, na classe, em casa. Às vezes, até seu sono é agitado. O próprio *hiperativo* sofre com tamanha agitação, sem que consiga ter o mínimo controle sobre ela. Um tratamento bem orientado e com medicação adequada pode controlar tais distúrbios.

O que costuma confundir as pessoas é o *hiperfoco* que os hiperativos têm. Quando se concentram em algo de que gostam, ficam horas e horas sem se distrair. Tão concentrados estão que nem escutam quando chamados, esquecem seus compromissos e

CAUSAS DA INDISCIPLINA DOS ALUNOS

podem ficar até sem comer. É uma característica comum do hiperativo.

O *déficit de atenção* pode não incomodar a aula, pois seu portador pode estar sentado quietinho na carteira, mas sua mente está viajando por temas muito diferentes ou distantes da aula. Assim desconectado da aula, não presta a atenção necessária ao aprendizado nem participa do que lhe é solicitado. É conhecido por estar sempre no "mundo da lua".

Esse déficit atinge mais as mulheres que os homens, ao contrário da hiperatividade, que atinge mais os homens que as mulheres. Mesmo sendo colocados em extremos, tanto o déficit de atenção quanto a hiperatividade pertencem ao mesmo distúrbio.

Pessoas que não conhecem o TDAH (ou DDAH) podem confundir seus sintomas com os da falta de educação, pois ambos afetam bastante a disciplina pessoal. O uso de medicações adequadas, receitadas por médicos especialistas da área, melhora muito os sintomas dessa hiperatividade e/ou déficit de atenção.

DISLEXIA

Outro problema a ser enfrentado é a *dislexia*. Não se trata somente de trocar letras ao falar e/ou ao escrever. O maior problema é a diminuição do rendimento escolar pela dificuldade que o aluno sente de entender o que está lendo. Como responder a uma pergunta que ele consegue ler, embora não entenda o que está lendo? Pode parecer má vontade, preguiça ou falta de educação, pois não entende mesmo o que lê, mas se ouvir alguém lendo para ele, é capaz de entender.

Os portadores de dislexia são muito inteligentes. Por sofrerem muito, buscam recursos para enfrentá-la. Uma pessoa que gagueja, prevendo que vai chegar a uma palavra que ela tem dificuldade para pronunciar, já vai procurando um substituto para ela. Quando não o encontra, pode até mudar a sentença. O uso desse mecanismo pode prejudicar o rendimento escolar, pois a pessoa poderá responder o que consegue falar, não aquilo que sabe. A ajuda de profissionais especializados melhora muitíssimo a *performance* do disléxico, mas até hoje sua cura é discutível.

Deficiência mental

Os portadores de deficiência mental apresentam menor capacidade de entender as regras e de suportar frustrações, além de controlar menos as reações primitivas da agressividade e da impulsividade. Se o problema é leve, em geral conseguem acompanhar o curso até a quinta série. A partir daí, como demoram mais tempo para desenvolver o pensamento abstrato, tendem a prosseguir mais devagar.

O grau de deficiência do aluno vai ser apresentado no seu rendimento escolar. Nas situações mais severas, a alfabetização é impossibilitada. Broncas, castigos ou expectativas excessivas só servem para deixá-los tensos e agressivos, apesar da maioria das pessoas nessa condição ser dócil. Os deficientes mentais merecem uma educação especializada.

Por causa da sua própria deficiência, a capacidade de aprendizado intelectual é reduzida, mas existem outras áreas que podem ser normais. Podem ter boa

memória, decorando as respostas em vez de aprendê-
-las. Podem fazer, inclusive, trabalhos rotineiros que
outros alunos não seriam capazes de fazer.

Mas podem apresentar grandes dificuldades para
suportar frustrações, tornando-se até agressivos. Tal
agressividade, porém, pode ser facilmente desarmada
por meio de uma fala afetiva, suave e convincente, já
que são muito afetivos e sensíveis.

Transtornos de personalidade

O distúrbio de personalidade mais grave é a chamada
personalidade psicopática. Seu portador não respeita
as outras pessoas nem regras sociais. O que importa é
atender às próprias necessidades e/ou vontades. Não
se incomoda em prejudicar seja quem for (pais, amigos, professores, colegas, estranhos) para saciar seus
desejos. Mente, apossa-se do que lhe foi emprestado,
rouba. É como se não tivesse critérios internos de valores, de tal modo que todos os meios são válidos para
conseguir o que quer. São delinquentes graves, pois
funcionam como se não tivessem superego, a área da
mente responsável pela ética, religiosidade, solidariedade, respeito às regras e padrões de comportamentos
vigentes etc.

Um aluno psicopático cria uma grande confusão
durante uma aula, dois podem acabar com ela, e três
podem tumultuar toda a escola. Quando um professor
lhe chama a atenção, independentemente de estar ou
não com a razão, o aluno se indispõe e parte para tirar
satisfações com o professor. Não está distante o próximo passo ser a agressão física do professor.

> Os *serial killers*, os assassinos que matam pessoas em série, uma de cada vez, usando os mesmos métodos, em geral têm personalidades psicopáticas.

Uma boa educação pode ajudar, da mesma forma que um tratamento psicoterápico; entretanto, não há medicações a serem tomadas e o prognóstico, com raras exceções, é sombrio. A sociopatia não tem "cura" ou tratamento conhecido.

Todos estes quadros mentais praticamente independem da vontade de quem quer que seja, pois estão muito mais relacionados à herança genética que à aquisição depois do nascimento.

Transtornos neuróticos

Resultantes de sofrimentos pessoais, os transtornos neuróticos são comportamentos bastante inadequados em termos de qualidade e de quantidade. Surpreendem o interlocutor porque dependem muito mais do mundo interno do neurótico que da adequação social e ambiental. O neurótico projeta o problemático mundo que traz dentro de si sobre o outro, que lhe serve de tela.

Quando o professor pede à classe: "Silêncio, por favor", o aluno neurótico pode reagir: "Você não é meu pai para mandar em mim". É como se o aluno só aceitasse que o seu pai mandasse nele; como se ele tivesse identificado que o professor não é seu pai e que, por isso, se recusou a ficar em silêncio. Mas o professor havia pedido "por favor", não dado uma ordem. O aluno confundiu neuroticamente o pedido com uma ordem.

Isso pode acontecer, também, com o professor: ele pode ver no aluno insubordinado o filho desobediente. Então passa a agir como um pai tentando fazer o filho obedecer-lhe a qualquer custo, em vez de se comportar como um professor tentando estabelecer a ordem na classe.

Falta de educação

A falta de educação pode provocar vários transtornos no comportamento pessoal e no relacional. Um aluno que faz bagunça com o seu material escolar pode ser que tenha aprendido a ser assim dentro de casa. Isto é, mesmo que em casa os pais tenham lhe ensinado a cuidar dos seus pertences, não exigiram que ele fizesse o que aprendeu, funcionou como se ele nem tivesse aprendido. A falha dos pais foi a de não exigir que o filho fizesse com as próprias mãos o que lhe foi ensinado. Ao não lhe ser cobrada a ordem, o filho ganhou autoridade para largar seus pertences em qualquer lugar, deixando-os bagunçados. O filho tem autoridade na bagunça, pois os pais, além de nada fazerem, ainda a colocam em ordem, ou mandam que seus funcionários o façam.

O que o filho aprendeu em casa vai repetir em qualquer lugar, até mesmo na escola. Entretanto, a escola tem o dever de ajudar na formação da capacitação profissional do seu aluno. Ela vai ter de cobrar essa ordem necessária a qualquer competência profissional.

Quando os pais "engolem sapos" produzidos pelo filho, estão autorizando que ele continue produzindo sapos lá fora, seja onde for. É como se o filho racioci-

DISCIPLINA: LIMITE NA MEDIDA CERTA

nasse: "Se os meus pais engolem sapos, por que outras pessoas não haveriam de engolir também?" Na escola, esse alguém pode ser o professor, o diretor, o colega... Trata-se de uma falta de educação muito grande, que estraga qualquer relacionamento social.

[A maioria das indisciplinas dos alunos tem o reforço dos pais. Será que os pais têm essa consciência?]

Quando as indisciplinas comprometem o bom andamento das aulas ou o bom funcionamento da escola e os alunos não atendem seus dirigentes, está na hora de chamar os pais para a educação a seis mãos.

E se a família não colabora?

A educação ativa formal é dada pela escola. Porém, a educação global é feita a oito mãos: pela escola, pelo pai e pela mãe, e pelo próprio adolescente. Se a escola exige o cumprimento de regras, mas o aluno indisciplinado tem a condescendência dos pais, acaba funcionando como um casal que não chega a um acordo quanto à educação da criança. O filho vai tirar lucro da discordância entre pais e escola da mesma forma que se aproveita quando há divergências entre o pai e a mãe.

Por que os pais não atenderiam aos chamados da escola no interesse dos seus próprios filhos? Vários são os motivos e várias as soluções:

■ Os pais não têm condições de interromper seus trabalhos: se for possível, o horário escolhido pode-

CAUSAS DA INDISCIPLINA DOS ALUNOS

ria ser fora do expediente de trabalho da escola, talvez à noite, num feriado ou num fim de semana.

- Um deles, pai ou mãe, não pode comparecer: reunir-se com um deles, depois com os dois, se necessário for, em horário compatível com os do casal.
- Os pais argumentam que se o filho está na escola, cabe à escola resolver tudo: nesta situação em particular, é preciso que, no contrato da matrícula do aluno, já constem algumas situações e quais as medidas que a escola estará autorizada a tomar.

Habitualmente esses pais costumam reclamar dos procedimentos tomados pela escola e não têm pruridos em expor a escola e conseqüentemente o filho em jornais, mídia etc. É o que aconteceu com uma escola que, por aplicar a base educacional das conseqüências, recebeu dos pais de um aluno, que fora obrigado a varrer a sujeira que ele mesmo havia feito, uma reclamação feita pela mídia: "A diretora usou o meu filho para varrer a escola". Em casa, argumentavam os pais, ele nunca pegara numa vassoura.

O que a diretora poderia ter dito seria: "Justamente! É por isso mesmo que ele faz sujeira em qualquer lugar onde estiver. Se ele tivesse noção de que deveria limpar o que ele mesmo sujou, os pais não estariam passando por vexame público e teriam um filho mais educado e cidadão".

- Se não foram os pais que matricularam o aluno, a escola teria de chamar a pessoa responsável que assinou a matrícula. O assinante está no lugar dos pais, portanto, faz-se com ele o que se faria com os pais.

- Os pais se negam a cumprir as regras já estabelecidas pela escola, pois o filho resolveu usar *piercings*, tatuagens expostas, não apresentar tarefas de casa nem material escolar, não usar uniformes. Caso os pais reforcem a posição desse aluno, também se tornam transgressores da regra. Se a escola aceita essa não-obediência ao já estabelecido, os pais podem ser convidados a retirar o filho da escola. Eles que adaptem o mundo aos caprichos pessoais do filho. A escola tem outros alunos pelos quais zelar. Normalmente a escola teme tomar tal atitude, da mesma forma que pais em casa temem dizer um "não" para o filho. Não existe educação que esteja sempre de acordo com as vontades do filho.

- Os pais são simples demais, sem cultura, sem dinheiro, e sofrem do complexo de que qualquer manifestação da escola é para expulsar o filho. Temem que o filho possa ficar mal com a escola e não atendem ao telefonema, aos chamados, aos bilhetes que lhes chegam. "Quem sabe se nós ficarmos quietinhos, a coisa sossega e tudo continua a ser como antes...", é a esperança simplória e errada desses pais.

Neste caso, as reuniões poderiam ser na casa da professora que mais perto morasse deles. Foi o que aconteceu em uma escola de uma vila do interior. Os pais não atendiam aos chamados da escola até que a

CAUSAS DA INDISCIPLINA DOS ALUNOS

diretora resolveu mapear os alunos cujos pais estavam sendo chamados e a reunião com eles seria feita na casa da professora que morasse bem perto deles. Após algumas reuniões nas casas dos professores, os pais puderam ir à escola.

PARTE 3

DELEGAR À ESCOLA A EDUCAÇÃO DOS FILHOS?

Entre vários filhos,
cada um é único na sua existência.
Os pais precisam respeitar suas individualidades,
seus nomes, pois cada filho construirá a sua
própria história para honrar o sobrenome, ainda
que viva as mesmas situações.

O que de melhor as escolas
podem fazer aos seus alunos é capacitá-los
coletivamente para a excelência profissional
e não aceitarem o que seus alunos
não devem fazer futuramente fora delas.

A cada uma, família e escola, cabe cumprir a parte que lhe compete, mesmo que possa haver algumas áreas de confluência e superposições, pois para a escola, seus alunos são transeuntes curriculares; para os pais, seus filhos são para sempre.

Pais e escola sob o comando dos filhos

Á PAIS QUE, POR PAGAR A ESCOLA, acham que ela é responsável pela educação dos filhos. Quando a escola reclama de mau comportamento ou da indisciplina do aluno, os pais jogam a responsabilidade sobre a própria escola. "Já trabalhamos tanto, ficamos tão pouco tempo com os nossos filhos que não há horário para educá-los." Usando esta desculpa como argumento, os pais deseducam os filhos, pois, durante os momentos de convivência, deixam-nos fazer tudo o que querem e não lhes fazem nenhuma cobrança.

Não se pode fazer tudo o que se quer, pois a vontade tem que ser educada. O que seria do trânsito, da sala de aula, dos clubes, dos aeroportos, do país se cada um fizesse o que tivesse vontade? Seria o caos. As regras existem para o benefício de todos, e a disciplina faz parte da educação de uma sociedade.

Os pais se unem aos filhos para reclamar da escola. É mais fácil e cômodo juntar-se ao reclamante do que fazê-lo ver o quanto ele pode estar enganado. O motivo dessa união é defender o filho a qualquer custo, mesmo que ele esteja errado. Se a escola pune, alegando que o aluno transgrediu tal regra, o filho geralmente conta a sua própria versão em casa. Nem sempre essa versão é verdadeira. Geralmente, ela serve ao filho para se proteger dos pais e manipulá-los contra a escola, fazendo-os acreditar que é inocente e que é a escola que está errada.

O maior erro dos pais não está em querer proteger o filho, mas em não apurar a veracidade dos fatos. É neste gesto simples, mas firme, de procurar saber a verdade, que a ética é passada ao filho. Um filho não respeita pais que sejam manipulados por ele. Não confia em pais que caem na sua conversa, pois podem cair também nas conversas dos outros. Esta é a melhor maneira de perderem a autoridade.

> Todos os pais precisam de autoridade educacional para preparar bem os filhos para a vida.

Pode-se contrariar o filho, mesmo que isso evidencie seu erro e reforce a imagem da escola, pois estar amparado na veracidade dos fatos faz parte da educação saudável: ele tem que aprender que o erro faz parte da vida. Não há pessoas no mundo que não errem. O erro é não aprender com o próprio erro e perder a chance de aprender o certo, o mais adequado, o mais ético. Mais errado ainda é, mesmo sabendo que o filho está errado, os pais aceitá-lo como se estivesse certo.

É importante que os pais consigam passar a idéia de que a vida dos seres humanos está acima dos acertos e erros diários e transitórios. A vida é uma progressão. O indivíduo progressivo não é aquele que não erra, mas aquele que faz do erro um aprendizado, corrige-o e avança. É retrógrado quem se deixa paralisar pelo erro e passa a evitar novas situações para escapar de possíveis erros. Isso significa deixar a vida ser regida pelo erro.

Um filho tão especial em casa, com um projeto de vida específico, entregue totalmente à indiferença massificante da educação escolar? Não, não podem os pais delegar a educação dos filhos a uma instituição de ensino.

Percebo não uma falta de amor aos filhos, mas uma orientação desorganizadora, uma apatia e até mesmo uma dose de covardia dos pais que não exigem um mínimo de consideração de seus filhos. Um filho que recebe do bom e do melhor e trata os pais de maneira grosseira, com ofensas, não tem um comportamento ético, pois não está dando aos pais um tratamento tão digno e respeitoso quanto está recebendo. Esses pais, mesmo amando os filhos, estão sendo retrógrados.

Raramente os pais expulsam um filho de casa. É mais comum deixar o filho totalmente solto, como que desistindo de educá-lo, porque lhes parece que a educação se transformou numa guerra doméstica.

Os pais não podem esperar que a escola funcione como uma clínica psicológica de recuperação de fi-

DISCIPLINA: LIMITE NA MEDIDA CERTA

lhos "que não têm mais jeito", pois esta função não lhe pertence. O que a escola pode fazer é reunir-se com os pais para encaminhar o aluno a tratamento e jamais compactuar com a transgressão, por mais simpático que o aluno seja ou por mais poderosos que os pais sejam.

> Os pais e a escola devem ter princípios muito próximos para benefício do jovem.

A instituição de ensino tem o direito de expulsar o aluno que exerce uma influência negativa sobre os outros estudantes. Um exemplo típico é o uso de drogas. Se, avisados pela direção da escola, os pais se recusarem a procurar tratamento para o filho, a escola passa a arcar com a responsabilidade de ter um aluno usuário de drogas, um aliciador ou traficante entre os estudantes. Nenhuma escola saudável quer correr esse risco.

Para a recuperação do aluno, o melhor é o tratamento, não a expulsão. Infelizmente, porém, quando o prognóstico é fechado, a escola precisa tomar atitudes radicais. O prognóstico se fecha quando os pais se recusam a atender à instrução escolar. Pais que se omitem ou que dificultam a recuperação dos filhos são coniventes com o uso das drogas.

> Se, com todos os recursos utilizados, a escola não conseguiu que o aluno se adequasse a ela, nem conseguiu a colaboração dos pais, a escola tem direito, sim, de expulsar um aluno indisciplinado.

Disciplina

A palavra "disciplina" carrega em si um ranço de autoritarismo e de falta de diálogo, que era comum no comportamento das gerações anteriores. Os pais dos adolescentes e das crianças de hoje sentem até um certo mal-estar diante dessa palavra, a ponto de praticamente a banirem da educação dos filhos. É difícil dar nova noção a uma palavra cujo significado já está consagrado.

O conceito de saúde psíquica está ainda hoje muito baseado no funcionamento do indivíduo. Eu criei a Teoria da Integração Relacional com base nos princípios psicodramáticos de Jacob Levi Moreno, o qual afirma que a pessoa precisa atingir saúde social, que é o equilíbrio entre o ser individual e relacional. Seus pilares são a disciplina, a gratidão, a religiosidade, a ética e a cidadania. Nessa teoria, disciplina significa qualidade de vida individual e social.

Em linhas gerais, disciplina é o conjunto de regras éticas utilizadas para atingir um objetivo ou um resultado com menos recurso e em menos tempo. Portanto, disciplina é competência e qualidade de vida. A ética é entendida, aqui, como o critério qualitativo do comportamento humano que envolve e preserva o respeito ao bem-estar biopsicossocial.

Esse conjunto de regras pode ser:

- Obtido simplesmente pelo treino.
- Adquirido pela própria experiência.
- Aprendido por intermédio de alguém que atue como professor.

- Absorvido pela imitação de um mestre. Nem todo professor é um mestre, embora um mestre seja sempre um professor. É o aluno que transforma seu professor em mestre, quando este ultrapassa o limite de transmissor de conhecimentos e cativa a admiração do aluno. Então, o aluno começa a interessar-se não só pelos conhecimentos pedagógicos mas também pela vida, e passa a ter esse mestre como modelo. Nada impede que os filhos também considerem seus pais mestres e imitem seus passos.

Um dos mais importantes motivos para os pais tentarem delegar a educação dos filhos à escola é preferirem omitir-se do que errar com os filhos. Os pais contemporâneos perderam suas referências educativas, pois o que eles viveram quando crianças não serve mais, e ainda não adquiriram novos recursos para educar estas "criancinhas" tão independentes, cheias de argumentos, alta prontidão nas respostas e reivindicadoras com fortes enfrentamentos.

Para que não deleguem suas responsabilidades educacionais a terceiros, é muito importante que os pais tenham noções condutoras básicas para se relacionar com os filhos. Seguem nos itens seguintes noções importantes que preparam os pais para fornecer a retaguarda familiar necessária a um filho que estuda.

Disciplina para estudar

A disciplina é uma conduta de vida para alcançar melhores resultados com menos recursos e menos tempo, evitar desgastes desnecessários e aumentar a qualidade existencial. Pode ser facilitada se alguns princípios forem considerados: organização; administração do tempo; focalização; ritmo e cuidados gerais.

Organização

Antes de preparar o bolo, é preciso ter os ingredientes à mão e depois seguir na receita o modo de fazer. Assim também é com o estudo. Os ingredientes são: material escolar – livro, apostila, caderno, computador, internet, canetas; ambiente tranqüilo; local de apoio – mesa, escrivaninha, cadeira, luz apropriada, relógio etc. É interessante que se tenham à mão também dicionários, revistas de pesquisa etc. Alcança maior rendimento quem tem um local próprio para estudar.

Dificuldades que prejudicam os estudos: ter de levantar toda hora para pegar aquilo de que precisa; não ter em casa o material básico, como a matéria a ser estudada; não ter onde se sentar ou apoiar o material adequadamente.

> Não se faz lição de casa apoiando-se nos joelhos, em ambientes barulhentos, consumidores de atenção e concentração.

Administração do tempo

A competência no estudo se revela no tempo consumido para alcance da meta. Quanto menos tempo para estudar um ponto, mais tempo sobrará para outras atividades. A mente se organiza quase automaticamente de acordo com o tempo disponível. Se é muito, a mente desvia o foco dos estudos e atenção é

DISCIPLINA: LIMITE NA MEDIDA CERTA

roubada para outras atividades. Se é pouco, ela se concentra em torno da tarefa que tem a cumprir. Daí a importância de se estabelecerem metas. Dividindo- -se a tarde de estudos em pequenas metas, cada uma delas com um tempo demarcado, seguido de um inter- valo também com tempo predeterminado, obriga-se a mente a se organizar e adequar-se à necessidade.

> Quem não estabelece metas e prazos corre o risco de chegar até o último momento sem ter conseguido atingir o objetivo, isto é, estudar o necessário.

Estudantes sem esta administração perdem longo tempo para estudar o que outros fazem em muito me- nos tempo.

Assertividade

Concentração é dirigir todos os interesses para um só ponto e focalizar-se apenas nele. Desviar-se para as- suntos paralelos ou para atividades desnecessárias consome maior tempo e atenção do estudante. A mente não focalizada perde-se cada vez que se abre uma revista, liga-se a televisão, conecta-se a internet, levanta-se por qualquer motivo, atende qualquer

chamado de MSN ou do telefone. Não há como um piloto de Fórmula 1, em plena corrida, ficar lendo os comerciais da pista, reparando em quem está na pla- téia, pensando no que fará no próximo final de sema- na... Ou focaliza sua mente e usa o seu corpo inteiro para correr ou perde a corrida.

DELEGAR À ESCOLA A EDUCAÇÃO DOS FILHOS?

Se o estudo é absolutamente necessário, como em véspera de provas, é importante que se afaste mentalmente tudo o que possa desconcentrar o estudante. Se há dificuldade para isso, que se retire da presença do estudante tudo o que possa roubar a sua atenção.

Controlar a vontade dispersiva

Não se pode esperar a vontade de estudar. Esta espera pode ser infinita para a maioria dos estudantes, principalmente se ela se tratar da matéria em que ele vai mal. É natural que a mente queira se ocupar do que gosta. Portanto, é preciso um esforço extra para estudar assuntos que nos parecem pouco estimulantes. Uma atividade pode ter iniciadores mentais e/ou físicos. Pertencem aos primeiros a vontade, a motivação, a ambição, que nem sempre são suficientes para começar a estudar uma matéria detestável. Porém, vista uma criança de *superman* e ela o imitará fingindo que voa. Dê-lhe uma espada de brinquedo e ela se sentirá um espadachim; não raro, sairá investindo contra inimigos invisíveis. Do mesmo modo, vestir a mente com comportamento de estudo faz a vontade vir. Faz-se isso pondo-lhe o material necessário nas mãos. Se o estudante ler em voz alta, ou tentar resolver um problema, ou fizer um exercício, mesmo sem vontade, a mente logo se organiza para obedecer ao corpo. Em pouco tempo, o estudo estará em andamento.

> O ato corporal de estudar pode aquecer a mente e prepará-la para a concentração.

Desconforto físico

Se, mesmo em condições normais, estudar é difícil para muitos estudantes, qual será o rendimento caso esteja com câimbras, diarréia, vômitos, fome, frio, sede, sono ou qualquer outro mal-estar físico? Todos estão sujeitos a doenças e problemas físicos que abatem a disposição e o ânimo. Muitos desconfortos desse tipo, entretanto, são evitáveis. Entre eles, estão os cuidados que se deve ter com a satisfação das necessidades biológicas básicas. Para enfrentar um exame importante, o examinando precisa estar bem alimentado, hidratado, com o sono em dia, enfim, em suas melhores condições físicas, pois o desgaste mental poderá ser muito grande. Não se deve tomar calmantes, psicoestimulantes ou qualquer outro tipo de droga; não se deve ir a baladas na noite precedente à prova nem correr riscos desnecessários. Para alguns, pode parecer besteira ouvir tudo isso, já que eles têm consciência do que devem enfrentar, mas há outros que não têm esta responsabilidade nem compromisso e vivem no *carpe diem* do onipotente mundo juvenil.

Disciplina treinada

Um animal domesticado é um ser disciplinado ou, melhor dizendo, um ser treinado. O disciplinador, conhecido popularmente como treinador, impõe ao animal uma série de aprendizados pela lei do prazer (prêmio) e do sofrimento (castigo). A primeira arte do treinador é perceber o que provoca prazer e o que faz o animal sofrer. A seguir, começa a dar pequenas tarefas que o animal seja capaz de cumprir, recompensando-

-o a cada pequeno sucesso. É importante que o treinador crie um clima de afeto e confiança com seu animal. O afeto garante sempre o carinho, o agrado físico. Tem que haver confiança, a certeza de que vai realmente acontecer conforme o combinado: cumpriu a tarefa, receberá o agrado; não cumpriu, vai sofrer a falta do agrado.

> Às vezes, os filhos têm comportamentos ao estilo animal, buscando somente saciar suas vontades.

Os filhos ficam tão acostumados a satisfazer seus desejos que os filhos já nem pensam mais se o que vão fazer é ou não adequado. Como não foram submetidos a um treinamento como o descrito, o que seria desumano, acabam tendo um comportamento violento perante qualquer solicitação que lhes desagrade. Passam a usar palavrões e a fazer birra quando contrariados. Como querem obter o que desejam custe o que custar, começam a roubar, a mentir ou a inventar histórias: vale tudo.

Está na hora de fazer o filho usar os padrões humanos de comportamento, utilizar a inteligência para superar as dificuldades e resolver os problemas, conhecer os ditames da ética, respeitar o próximo e o ambiente em que se encontra. Para adquirir qualidade de vida, precisará receber uma educação que parta dos princípios da coerência, da constância e da conseqüência.

Disciplina adquirida

Quando a criança está em plena atividade com seu brinquedo de encaixar, fica atenta à forma como o objeto pode ser colocado no espaço correspondente e concentra-se na busca do ajuste perfeito por meio de tentativas sucessivas de acertos e erros. No início da brincadeira, quando se esforça para fazer os primeiros encaixes, pode interessar-se por outras atrações à sua volta. Quanto mais próxima estiver de atingir sua meta, menos dispersiva se tornará. Portanto, quanto maior for seu interesse em alcançar o objetivo, mais disciplinada a criança será.

A motivação está em sentir o prazer de conseguir realizar o encaixe. Se os pais fizerem uma comemoração festiva do sucesso obtido pela criança, e ela gostar disso, ficará duplamente estimulada a prosseguir na tarefa: pela sensação prazerosa de realização, que aumenta sua auto-estima, e pela sensação também prazerosa de ter conseguido agradar aos pais e deles receber carinho, o que reforça sua auto-estima.

> O que melhor exemplifica a disciplina adquirida é o autodidatismo. Uma experiência própria anterior serve de "professor" ou de "mestre" para ser, ou não, repetida visando à consecução de uma meta. O autodidata é um aprendiz de si mesmo.

Para aprender com a própria experiência, é preciso estar atento e, portanto, ser disciplinado em relação ao que já foi feito, para que seja possível memorizar e repetir o ato quantas vezes forem necessárias. O autodidata necessita de um mínimo de conhecimento anterior, adquirido de algum modo, de alguém, para então continuar seu próprio caminho. E também pode aprender por meio da leitura, observando as experiências alheias, sem a ajuda ativa, direta e pessoal de terceiros.

Disciplina aprendida

A civilização humana avançou bastante, tanto quanto a densidade demográfica. Hoje existem cidades com muitos milhões de habitantes. Crescemos em quantidade e em qualidade. O ser humano, com avanços e retrocessos, sofisticou sua vida. Podemos beber um bom vinho num cálice de cristal. Há regras de trânsito para orientar milhares de automóveis. Escovar os dentes tornou-se um ato importante para a saúde individual e para as relações interpessoais. Tudo isso é civilização. O ser humano não pode se comportar como animais em bando, cada um saciando suas próprias vontades, ignorando os conceitos éticos que dão à vida um sentido e uma razão de ser. Limites e disciplina são conceitos que aprendemos depois que nascemos, e alguém tem que ensiná-los.

A disciplina pode ser ensinada. Quem a ensina é o disciplinador; quem aprende, o disciplinado.

Usei propositadamente essas denominações para diferenciar professor e aluno, termos consagrados em qualquer contexto de aula. Ensina-se como e por que se comportar em sociedade, em reuniões sociais, em classe, em competições. Isso faz parte da educação, a arte de viver bem.

Não existe uma matéria escolar específica que ensine disciplina, assim como se alega que não existe uma escola onde os pais podem aprender a ser pais, nem onde os filhos possam aprender a ser filhos. (Na verdade, existe no Brasil uma Escola de Pais, que pode ser encontrada facilmente na internet.)

Disciplina absorvida

> O objetivo da criança é ser como as pessoas que tanto admira. Os pais funcionam como modelos a ser "incorporados".

A criança admira seus pais e deseja espontaneamente ser igual a eles. Quanto menor sua idade, menos opções terá para escolher seus mestres. A admiração é um estímulo importante para que passe a imitar cada vez mais os gestos dos pais (e até mesmo aperfeiçoá-los no futuro) por meio de tentativas, acertos e erros. E assim os filhos aprendem os padrões de comportamento familiar e social, o respeito por outros familiares, pelos funcionários da escola, pelos empregados da casa, as noções de limite, dever, obrigação...

> Quanto maior for a admiração pelos pais, mais os filhos os transformam em mestres. E sem que os pais se dêem conta, eles absorvem seus gestos corporais e suas posturas psicológicas.

Comer educadamente dá prazer àquele que absorveu a educação dos pais, ao contrário do que acontece quando não se ensina a alguém a educação para comer. O ato de comer é instintivo, mas a qualidade e a quantidade de comida, bem como onde e

DELEGAR À ESCOLA A EDUCAÇÃO DOS FILHOS?

como se come, tudo isso é aprendido no ambiente em que se vive.

É difícil estabelecer uma fronteira entre a disciplina absorvida e a aprendida dentro da família, porque os pais passam a exercer naturalmente a função educativa, já que constituem para a criança o principal centro irradiador de conhecimentos e modelos de conduta. As crianças já nascem com seus cromossomos, transmitidos pelos pais biológicos. Depois que nascem, recebem o "como-somos" das pessoas que as circundam. Quando ensinam pela primeira vez, ou corrigem o que já foi ensinado, os pais exercem a função de professores, de educadores. Em geral, o clima dessa correção é repleto de afeto, pois os pais sabem que a criança erra porque não sabe ou porque não consegue – não de propósito, por pirraça ou "vadiagem".

Em síntese, existem duas formas básicas de aprender a disciplina: a ativa e a passiva. No aprendizado ativo, há alguém que explica e alguém que aprende. Trata-se de um método ativo com o objetivo específico de transmitir um esquema de funcionamento, as regras do jogo. No aprendizado passivo, há uma pessoa agindo sem o objetivo de ensinar e outra aprendendo mediante a observação. Muitos pais e professores surpreendem-se quando as crianças repetem seus erros. Tais aprendizes absorvem esses erros sem avaliá-los e, freqüentemente, nem reparam que eram erros. Os aprendizes repetem o que seus modelos educacionais fazem.

Um pai pode querer ensinar algo a seu filho, ditar regras, mas fazer completamente diferente e não seguir as mesmas regras que impõe. Um exemplo típico é o do pai que insiste com o filho para que estude um pouco a cada dia em vez de deixar tudo para a véspera da prova, mas o próprio pai faz tudo na última hora, tira passaporte na véspera da viagem e paga imposto de renda na data do vencimento, poucos minutos antes de o banco fechar...

O filho segue o que o pai faz (aprendizado passivo) com base na observação do seu comportamento, e não só o que ele fala (aprendizado ativo). É inútil o pai argumentar: "Faça o que falo e não o que eu faço". Também pouco educam os pais que somente ensinam, mas não exigem que os filhos realizem o que aprenderam.

> O exemplo é muito importante na educação, mas quem sabe realmente fazer aprendeu fazendo.

Cada contexto, uma conseqüência

É dentro de casa, na socialização familiar, onde existe maior tolerância que na comunitária, que um filho adquire, aprende e absorve a disciplina para, num futuro próximo, ter saúde social. As regras funcionais que já foram ensinadas pelos pais e professores deveriam ser exigidas para que os filhos as registrem dentro de si. A escola conta com esta educação familiar como um mínimo necessário para que o aluno aprenda a conviver com outras pessoas num meio comunitário. No ambiente escolar ele aprende mais regras e assume maiores responsabilidades. O não-cumprimento delas traz conseqüências. O contexto escolar é menos permissi-

DELEGAR À ESCOLA A EDUCAÇÃO DOS FILHOS?

vo e proporciona menor envolvimento e desgaste afetivo do que o meio familiar. Suas normas e as conseqüências do desrespeito a elas são mais claras e definidas (são até mesmo escritas).

A sociedade praticamente não ensina, somente sinaliza as regras que deverão ser obedecidas, na esperança de que cada cidadão tenha preparo suficiente (familiar e escolar) para viver de acordo com elas. Suas leis estão escritas e as contravenções são punidas sem as atenuantes escolares e o afetivo clima familiar.

> Um desrespeito aos pais pode ser relevado; aos professores, já implica advertência; às autoridades sociais, punição.

Cada perfil, um comportamento

Como dois tipos extremos de perfis comportamentais, descreverei o folgado (ou "diarréico") e o sufocado (ou "entupido"). Entre eles, distribuem-se muitos outros tipos intermediários.

O "diarréico" é o que não elabora o que quer fazer; ele simplesmente sente vontade e "executa" sobre o outro, sem tempo para adequar seu comportamento. É o carreirinha, sem tempo para digestão. Nem bem tem uma idéia, logo fala: é a "diarréia mental". É um folgado que invade o espaço do outro sem se dar conta de que ultrapassou barreiras. Funciona como se a invasão e a posse do que invadiu passasse a ser seu direito.

O "entupido" é o que elabora demais, é aquele que sente vontade, mas nunca executa. Faz uma autocrítica muito severa de seus próprios pensamentos e atos. Ele fica cada vez mais entupido, sufocando-se em toda oportunidade que surge para falar ou realizar algo. Sofre de "prisão de ventre mental". Sufoca-se antes de ser cortado pelo outro.

> Tanto a "diarréia mental" quanto a "prisão de ventre mental" são distúrbios de comportamento.

Dois "diarréicos" juntos dão uma boa briga e dois "entupidos" juntos não falam praticamente nada. Mas o grande problema é quando se juntam um "diarréico" e um "entupido". Nesse caso, há uma complementação entre os dois lados que acentuam seu comportamento: o folgado fica cada vez mais "diarréico" e o sufocado, cada vez mais "entupido".

Quando há dois "diarréicos" numa classe, dificilmente o professor tem tranqüilidade para dar aula. O "diarréico" incomoda a todos, tumultua o ambiente, dificulta a organização na sala. Geralmente, o "diarréico" é um aluno sem limites, que precisa ser contido pelo professor; caso contrário, a liberdade será um estímulo para que ele se torne cada vez mais inconveniente. Além disso, um folgado pode estimular "o folgado" que existe dentro de cada um dos alunos a vir à tona. É então que a classe vira uma anarquia.

A auto-estima regendo a disciplina

Auto-estima é o sentimento que faz com que a pessoa goste de si mesma, aprecie o que faz e aprove suas atitudes. Trata-se de um dos mais importantes

DELEGAR À ESCOLA A EDUCAÇÃO DOS FILHOS?

ingredientes do comportamento humano – é um item fundamental para estabelecer a disciplina. Pode ser essencial ou fundamental. A essencial é gratuita. É a que uma criança recebe dos seus pais assim que nasce, simplesmente porque nasceu, porque é seu filho.

Em teoria, supondo-se que os pais sejam normais, toda criança tem essa auto-estima essencial. O reservatório dessa auto-estima é preenchido pelo amor gratuito que recebe dos pais. A fundamental é conquistada quando uma pessoa é bem-sucedida nas suas pretensões; quando ela própria aprecia algo que realizou e fica feliz com o que fez.

Se essa realização é produto da sua própria competência, isto é, não depende de terceiros, nem dos pais, ela alimenta a aprovação de si mesma e sua íntima (e saudável!) vaidade pessoal.

O que se consegue com os próprios esforços produz ótimas sensações, desde um pequeno prazer até a plena satisfação da vitória absoluta. É por isso que os alunos progridem cada vez mais naquilo que fazem bem. Em contrapartida, tudo o que diminui a auto-estima fundamental é abandonado; portanto, o indivíduo tende a piorar naquilo em que vai mal.

Na infância, a auto-estima fundamental é alimentada toda vez que uma criança realiza algo e isso pode ser dimensionado. Porém, ser aplaudida ou elogiada quando ela própria sabe que não merece distorce essa auto-estima.

Quando os pais fazem tudo pelo filho, mesmo o que ele próprio é capaz de fazer, estão prejudicando

235

essa auto-estima. O primeiro prejuízo é dele mesmo, por não ter realizado aquilo de que era capaz. Porém, o prejuízo maior decorre da evolução desse processo, pois, não fazendo, ele acaba perdendo a capacidade de fazer e, diante de qualquer situação, poderá negar--se a fazer, piorando muito sua auto-estima.

Pais hipersolícitos, que pegam tudo o que o filho joga no chão, atrofiam a responsabilidade e competência para a organização daquele que querem poupar. Além disso, o filho, ao gritar para que os pais venham pegar o que ele derrubou, gastará muito mais energia do que se ele mesmo resolvesse pegar o que está no chão. Mesmo gritando, impondo aos pais tarefas que seriam suas, este filho desenvolverá uma baixa auto-estima, pois dependerá dos pais para o que ele mesmo poderia fazer. Será considerado um folgado, um indisciplinado.

O principal ingrediente da auto-estima, fundamental ao adolescente, é a auto-aprovação do que ele pensa, sente ou faz.

> A auto-estima do adolescente depende muito mais da própria auto-avaliação que daquilo tudo que ganha de graça dos pais. O adolescente dá prioridade à aprovação de sua turma em detrimento da aprovação da própria família.

Quanto mais fragilizado estiver, mais essa auto--estima vai depender da aprovação de outras pessoas. Em vez de cumprir suas tarefas, o adolescente vai se desgastar para agradar os outros.

Não tem tanta importância ele saber que é estimado pelos pais quando ele mesmo se recrimina ou se rejeita por algo que não consegue realizar ou conquistar ou, pior ainda, quando se sente rejeitado pelos amigos.

A orientação de um professor pode fazer o aluno sentir-se valorizado (alimentação psicológica) ou diminuído (desnutrição psicológica), dependendo do estado da sua auto-estima. Utilizo o termo "desnutrição" porque, quando é atingida durante um episódio em andamento, a auto-estima sofre uma imensa queda, como se tivesse sido privada de alimento por um longo tempo e não como se tivesse perdido apenas uma única refeição.

> Quanto melhor for a auto-estima fundamental, tanto mais a pessoa se torna disciplinada. Por sua vez, a disciplina aumenta a auto-estima. Nutre-se, desse modo, este ciclo disciplina–auto-estima.

Estilos comportamentais

O comportamento humano tem três estilos: vegetal; animal e humano. O estilo vegetal busca a sobrevivência nas condições ambientais que encontra. O estilo animal busca a saciedade dos seus instintos. O terceiro estilo é o humano, que, dotado de inteligência, busca a felicidade. Uso a palavra "estilo" porque o vegetal não tem neurônios e também porque, mesmo que haja o estilo vegetal ou animal, ainda se trata do ser humano.

Os instintos básicos de sobrevivência estão no tronco cerebral; as emoções, a autopreservação e a

DISCIPLINA: LIMITE NA MEDIDA CERTA

perpetuação da espécie estão no diencéfalo. O tronco cerebral e o diencéfalo formam o sistema límbico, responsável pelo comportamento emocional. O intelecto está no neocórtex ou cérebro superior. É o intelecto que diferencia o ser humano de outros seres, porque é onde se encontra a inteligência, responsável pela criatividade, pela disciplina, pela religiosidade etc.

Limites no estilo vegetal

Não se pode exigir que um vegetal se comporte como um animal, ou que este atue como um humano. Porém, o humano freqüentemente usa o estilo vegetal ou animal de comportamento.

O ser humano tem o *estilo vegetal fisiológico*, de modo compreensível e esperado, quando está na condição do feto, do recém-nascido, do paciente comatoso, da pessoa demente. Para sobreviver, necessita da ajuda de outras pessoas. Não se pode esperar dele um comportamento humano.

Entretanto, há o *estilo vegetal psicológico*: quando uma pessoa, mesmo com capacidade para fazer, nada faz e espera que os outros façam tudo por ela. Exemplos? O manhoso que quer comida na boca, o folgado que não se mexe quando vê outra pessoa precisando de ajuda, o aluno que não estuda e cola nas provas, os pais que dizem "quando crescer, o filho melhora".

Todos eles deixam tudo por conta do alheio. É um estilo de indisciplina passiva, com a qual as pessoas se acomodam, não têm aspirações nem ambições. São pessoas retrógradas que vivem muito aquém dos seus limites.

O estilo vegetal continuará existindo enquanto houver uma pessoa que o atenda. Caso não a encontre, terá que se movimentar. A planta procura adaptar-se ao meio em que está para nele sobreviver.

O comportamento estilo vegetal procura transformar seus provedores em seus escravos. Os vegetais reclamam, agridem e depois se tornam violentos contra as pessoas que não mais querem provê-los, numa tentativa de manterem a sua tirania.

Sofrem os que têm este estilo, pois acabam se limitando ao que os seus provedores-escravos lhes fornecem. Quanto mais aumentam suas necessidades, mas têm que exigir dos outros.

A superação deste limite interno que paralisa os vegetais começa com um conjunto de ações: procurar ele próprio realizar o que ele quer e seus provedores-escravos nada mais fazerem por ele.

Se a mãe deixar de trazer o copo de água exigido pelo filho, desmontado na poltrona na frente da televisão, o filho vegetal com certeza não morrerá de sede. Fará primeiro um grande escândalo numa atitude estilo animal. Se tamanha pressão não transformar o *não* da mãe em *sim*, do animal terá que surgir o humano. Ele mesmo terá que pegar o seu copo de água.

Limites no estilo animal

O que motiva o animal a saciar os instintos é o incômodo da necessidade. A fome, por exemplo. Os instintos existem para preservar a sobrevivência e a perpetuação da espécie. O que caracteriza a saciedade é seu caráter cíclico: fome-saciedade. Assim que a sacieda-

Disciplina: Limite na medida certa

de se desfaz, a fome reativa a ação em busca de alimento. Na saciedade, o animal fica sossegado, parado.

Os animais usam estratégias para saciar os instintos, que são comportamentos geneticamente determinados. Um felino veloz faz tudo para colocar em campo aberto sua presa, a fim de caçá-la com mais facilidade e saciar sua fome. Os lêmures esfregam suas glândulas genitais em galhos e arbustos para atrair as fêmeas a fim de saciar o instinto sexual. Quando não têm fome ou o instinto sexual está saciado, os animais apresentam outros comportamentos.

O comportamento estilo animal pode surgir em diferentes situações: em momentos de alta tensão psíquica; como recurso (hábito ou vício) comportamental; ou quando não se usa o cérebro superior. Nesse tipo de comportamento, a pessoa livra-se do problema, mas não o resolve.

Um professor percebe um aluno colando do outro durante a prova mensal. Se ele nada faz, está tendo um comportamento estilo vegetal, e o aluno, um estilo animal. Isto é, este está procurando realizar seu desejo de passar de ano sem estudar.

No mundo civilizado, não se permite a existência de chupins – pássaros pretos que botam seus ovos no ninho de outro passarinho, a tico-tico fêmea, para que esta choque seus ovos e os dela juntos e depois cuide de todos os filhotes. Na sociedade saudável não existe almoço de graça. Como diz o ditado americano: *There's no free lunch*.

Tal aluno colador chegou a esse ponto pela indisciplina de não ter prestado atenção à aula, nem ter estudado em casa. Mas quer ter um bom resultado como um outro aluno que fez tudo o que devia. O seu cérebro superior não entra em ação, o que caracteriza o estilo animal.

O estilo animal rompe o limite humano e causa danos aos outros e a si mesmo. Geralmente o jovem se arrepende quando cai em si, quando tem que arcar com as conseqüências. O que demonstra que um pouco mais de educação transformaria esse estilo animal em humano.

> Quando os pais permitem que a criança faça tudo o que tem vontade e não lhe estabelecem limites na medida certa para a idade, ela não desenvolve plenamente o uso da razão, vivendo um estilo animal de vida.

Apesar de ter suas vontades saciadas, a criança não se sente feliz. Tão logo passe a saciedade, o incômodo volta. Uma criança pode ter muitos brinquedos, mas, quando vem a vontade de ganhar novos presentes, parece que não tem nenhum. Quem é feliz tem o prazer de brincar com seus brinquedos, conserva-os com carinho e fica chateado se os perde. Quando cansa de brincar, guarda-os para brincar outra hora.

Uma criança feliz é disciplinada. A disciplina aumenta sua felicidade. Um filho educado é feliz porque tem boa auto-estima, resultante da responsabilidade sobre o que lhe pertence. Não confunde a saciedade da vontade de ter com a felicidade de ser.

Limites humanos

Os seres humanos saudáveis são espontâneos e criativos. A civilização tem caminhado graças a respostas novas a velhos problemas, e às soluções inusitadas a problemas vigentes, além de ampliar seus limites, por não se conformar em viver sob o reinado da fisiologia humana. Os seres humanos conseguiram superar muitos limites fisiológicos.

Os aviões nos permitem voar muito mais que os pássaros; mergulhamos e enxergamos nas profundezas escuras dos oceanos com os submarinos com seus faróis; o carro nos permite correr muito mais rápido e por mais tempo que os guepardos; não morremos por falta de alimento, pois sabemos armazenar e conservar; nem de frio, pois temos aquecedores; nem de calor, pois temos ar condicionado e ventiladores; controlamos a natalidade; estendemos a longevidade; é praticamente impossível falar aqui de todos os avanços conseguidos pelo homem.

O ser humano progressivo é o que busca sempre melhorar seus resultados, aprendendo a economizar seus recursos, a poupar tempo e a evitar desperdícios de qualquer espécie para superar cada vez mais a sua marca anterior.

Limites não são quebrados, mas ampliados e expandidos. Marcas são superadas. *Performances*, melhoradas. O que era considerado excelente deixa de ser quando se descobrem novos recursos ou novas técnicas, quando encontram diferentes aplicações a campos já conhecidos ou quando há migrações de uma área para outra.

DELEGAR À ESCOLA A EDUCAÇÃO DOS FILHOS?

Portanto, a perfeição se torna provisória ou passageira para o ser humano progressivo. Nossa mente é tão rica, que cria e desenvolve soluções para conflitos e problemas que ela mesma produz. A humanidade está provando que não existem problemas sem soluções. O que costuma acontecer é que tais soluções ainda não tenham sido encontradas.

O progressivo que não tem organização nem empenho obtém piores resultados que aquele que empreende com disciplina e ética. A formação de um cidadão feliz e competente para o trabalho requer bastante disciplina.

Para que todos prosperem e para que o Brasil realize verdadeiramente o seu potencial, é preciso oferecer às nossas crianças e adolescentes as oportunidades de uma educação melhor e o desenvolvimento de uma consciência plena.

Pois todos nós somos responsáveis pela formação digna de uma geração para assumir este Brasil que estamos lhes deixando.

BIBLIOGRAFIA

ALVES, R. *A escola com que sempre sonhei sem imaginar que pudesse existir*. Campinas: Papirus, 2004.

_____ *Educação dos sentidos e mais...* Campinas: Verus, 2005.

BERNHOEFT, R. *Como criar, manter e sair de uma sociedade familiar (sem brigar)*. São Paulo: Senac São Paulo, 2002.

CHALITA, G. *Educação: a solução está no afeto*. São Paulo: Gente, 2001.

COATES, V.; BEZNOS, G.W.; FRANÇOSO, L.A. *Medicina do Adolescente*. São Paulo: Sarvier, 2003.

CORTELLA, M.S. & LA TAILLE, Y. *Nos Labirintos da moral*. Campinas: Papirus, 2005.

EMMETT, R. *Não deixe para depois o que você pode fazer agora*. Rio de Janeiro: Sextante, 2003.

ESTIVILL, E. & Béjar, S. *Nana, nenê*. São Paulo: Martins Fontes, 2003.

FREIRE, P. *Pedagogia da autonomia*: Saberes necessários à prática educativa. São Paulo: Paz e Terra, 2005.

FROST, J. *Supernanny*: How to get the best from your children. New York: Hyperion, 2005.

GOLEMAN, Daniel. *Inteligência emocional*. Rio de Janeiro: Objetiva, 1996.

_____ Mentiras essenciais, verdades simples. Rio de Janeiro: Rocco. 1997.

HERCULANO-HOUZEL, S. *O cérebro em transformação*. Rio de Janeiro: Objetiva, 2005.

LA TAILLE, Y. *Limites*: três dimensões educacionais. São Paulo: Ática, 2002.

LUCKESI, C. *O educador*: quem é ele? In: *ABC educativo*: A revista da educação, ano 6, nº 50. São Paulo: Criarp, 2005.

MARINS, L. *Homo Habilis*: você como empreendedor. São Paulo: Gente, 2005.

SANT'ANNA, A.S. *Disciplina*: O caminho da vitória. Curitiba: Circuito, 2005.

SAVATER, F. *Ética para meu filho*. São Paulo: Martins Fontes, 1993.

SEIBEL, S.D. & Toscano Jr. A. *Dependência de Drogas*. São Paulo: Atheneu, 2001.

SILVA, A.B.B. *Mentes inquietas*. Rio de Janeiro: Napades, 2003.

TIBA, Içami. *Adolescentes*: Quem ama, educa! São Paulo: Integrare, 2005.

_____ *Anjos Caídos*: como prevenir e eliminar as drogas na vida do adolescente. 31. ed. São Paulo: Gente, 2003.

_____ *Ensinar aprendendo*: como superar os desafios do

relacionamento professor-aluno em tempos de globalização. São Paulo: Gente, 1998.

_____ *O executivo & sua família*: o sucesso dos pais não garante a felicidade dos filhos. São Paulo: Gente, 1998.

_____ *Puberdade e Adolescência*: desenvolvimento biopsicossocial. São Paulo: Ágora, 1985.

_____ *Quem ama, educa!* São Paulo: Gente, 2002.

VITALE, M.A.F. (org.) *Laços Amorosos*: terapia de casal e psicodrama. São Paulo: Ágora, 2004.

SOBRE O AUTOR

Içami Tiba nasceu em Tapiraí SP, em 1941, filho de Yuki Tiba e Kikue Tiba. Formou-se médico pela Faculdade de Medicina da Universidade de São Paulo em 1968 e especializou-se em Psiquiatria no Hospital das Clínicas da USP, onde foi professor assistente por sete anos. Por mais de 15 anos, foi professor de Psicodrama de Adolescentes no Instituto Sedes Sapientiae. Foi o Primeiro Presidente da Federação Brasileira de Psicodrama em 1977-78 e Membro Diretor da Associação Internacional de Psicoterapia de Grupo de 1997 a 2006.

Em 1992, deixou as universidades para se dedicar à Educação Familiar. Continuou atendendo em consultório particular e dedicou-se inteiramente para que seus conhecimentos chegassem às famílias – levando uma vela acesa na escuridão da Educação Familiar.

Para tanto, escreveu livros, atendeu a todas as entrevistas solicitadas, fosse qual fosse o meio de comunicação, e dedicou-se a palestras para multiplicadores educacionais.

Em 2002, lançou o seu 14o livro: Quem ama, educa! – que foi a obra mais vendida do ano, e também no ano seguinte, bem como 6º livro mais vendido segundo a revista VEJA. E continua um long seller.

Este novo livro, Educação Familiar: Presente e Futuro é o seu 31o livro. No total, seus livros chegam, já, a 4 milhões de exemplares vendidos.

Em 2004, o Conselho Federal de Psicologia pesquisou através do Ibope qual o maior profissional de referência e admiração. Doutor Içami Tiba foi o primeiro entre os brasileiros e o terceiro entre os internacionais, precedido apenas por Sigmund Freud e Gustav Jung (pesquisa publicada pelo Psi Jornal de Psicologia, CRP SP, número 141, jul./set. 2004).

Desde 2005, mantém semanalmente no ar o seu programa Quem Ama Educa, na Rede Vida de Televisão. Desde essa época, mantém-se colunista da Revista Mensal VIVA SA, escrevendo sobre Educação Familiar. Foi capa dessa mesma revista em setembro de 2004 e janeiro de 2012.

Como Psiquiatra, Psicoterapeuta e Psicodramatista já atendeu mais de 80 mil adolescentes e seus familiares. Hoje atende como consultor de famílias em sua clínica particular.

Como palestrante, já ministrou 3.580 palestras nacionais e internacionais para escolas, empresas e Secretarias de Educação. Há nove anos é curador das palestras do 10o CEO'S Family Workshop, realizado por João Doria Jr., presidente do LIDE, Grupo de Líderes Empresariais.

Içami Tiba é considerado por variados públicos um dos melhores palestrantes do Brasil.

Outras Publicações da Integrare Editora

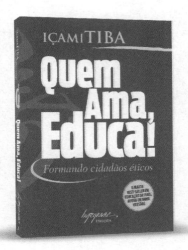

QUEM AMA, EDUCA!

Formando cidadãos éticos

Autor: Içami Tiba
ISBN: 978-85-99362-16-7
Número de páginas: 320
Formato: 16x23 cm

Outras Publicações da Integrare Editora

EDUCAÇÃO FAMILIAR

Presente e futuro

Autor: Içami Tiba
ISBN: 978-85-8211-052-2
Número de páginas: 320
Formato: 16X23 cm

Outras Publicações da Integrare Editora

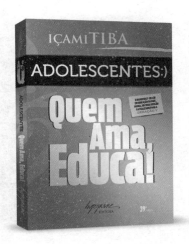

ADOLESCENTES :)
QUEM AMA, EDUCA!

Autor: Içami Tiba
ISBN: 978-85-99362-58-7
Número de páginas: 272
Formato: 16X23 cm

Outras Publicações da Integrare Editora

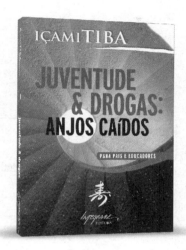

JUVENTUDE & DROGAS:

Anjos Caídos

Autor: Içami Tiba
ISBN: 978-85-99362-14-3
Número de páginas: 328
Formato: 14x21 cm

Contatos com o autor
IÇAMI TIBA
TEL./FAX (11) 3562-8590 e 3815-4460
SITE www.tiba.com.br
E-MAIL icami@tiba.com.br

CONHEÇA AS NOSSAS MÍDIAS

www.twitter.com/integrare_edit
www.integrareeditora.com.br/blog
www.facebook.com/integrare

www.integrareeditora.com.br
